E

Faszination Dressur

In vollkommener Harmonie mit seinem Pferd durch ein Dressurviereck schweben, scheinbar eins sein mit dem Sportpartner – das ist der Traum vieler Reiter. Doch was bei Spitzenstars wie Isabell Werth und Co. meist so einfach und ungezwungen aussieht, ist das Ergebnis jahrelangen, konsequenten Trainings.

Reitkunst kann nur erreichen, wer zuvor das Reithandwerk von der Pike auf erlernt. Das gilt auch für die sportliche Turnierreiterei. Wer hoch hinaus will, sollte erst einmal klein anfangen. Denn Erfolg stellt sich nicht automatisch ein und lässt manchmal auch lange auf sich warten. Dressurreiten ist nichts, was man »mal so eben auf die Schnelle« macht. Dressurreiten bringt zwar Spaß, ist aber keine Fun-Sportart, sondern erfordert vor allem eins: Geduld – mit sich, seinem Pferd und der gemeinsamen Leistung.

Wer allerdings die notwendige Zeit investiert, viel Liebe zum Tier hat und die erforderliche Passion mitbringt, wird irgendwann belohnt – mit einer goldenen Turnierschleife, einem harmonischen Reiterlebnis und dem Vertrauen seines Pferdes.

Eine Frage der richtigen Planung

▸ Das Pferd – geeignet oder nicht geeignet?

Talent und Körperbau

Sportliches Reiten erfordert – neben einem lernwilligen Reiter – auch immer ein geeignetes Pferd. Zwar kann man grundsätzlich beinahe jedes Pferd dressurmäßig ausbilden, doch sollte es gewisse Voraussetzungen mit sich bringen. Es käme wohl niemand auf die Idee, mit einem schweren Kaltblüter in eine Dressurprüfung einzureiten. Ebenso wie den »Dicken« der leicht-federnde Gang und der Vorwärtsdrang fehlt, gibt es auch leichtere Rassen, die sich im Viereck naturgemäß schwerer tun.

Ein Quarter Horse beispielsweise wurde für die Arbeit auf der Ranch gezüchtet, ist klein mit eher kurzen Vorderbeinen, flachen Bewegungen und einer vorhandlastigen Anatomie, die ihm die notwendige katzenhafte Wendigkeit beim Rindertreiben ermöglicht. Natürlich kann man auch einem solchen Pferd sportliche Dressur-Lektionen beibringen. Es stellt sich aber die Frage, ob man ihm damit einen Gefallen tut.

Raumgreifende Bewegungen eines Warmblüters

Kritikfähigkeit gefragt

Die selbstkritische Analyse nicht nur seiner eigenen Fähigkeiten, sondern auch der körperlichen Voraussetzungen des Pferdes für die Umsetzung einer geforderten Aufgabe sollte deshalb immer am Anfang jeglicher Turnierambition stehen. Zu oft sieht man im Alltag Reiter, die wütend auf ihren Pferden herumziehen oder herumschlagen, weil diese die Leistung scheinbar böswillig verweigern. Sie begreifen nicht, dass ein Pferd mit einer steilen Schulter körperlich einfach nicht dazu befähigt ist, spektakulär zu traben. Ebenso wenig wie ein Pferd mit einer überbauten und womöglich noch schlecht gewinkelten Hinterhand in der Lage ist, hinten – wie in der Dressur gefordert – vermehrt Last aufzunehmen. Zwar ist es möglich, auch solche Pferde durch entsprechende gymnastizierende Arbeit zu verbessern – aber nur bis zu einem gewissen Grade. Als Reiter muss man die Grenzen seines Pferdes erkennen, um es nicht aus übertriebenem Ehrgeiz zu überfordern. In manchen Pferden steckt eben nur das Talent für A, in manchen auch für L oder M – und nur in ganz wenigen für S und mehr.

Wer also Dressur reiten möchte, sollte sich bei der Auswahl seines Pferdes von einem vertrauenswürdigen Fachmann beraten lassen. Dabei kommt es nicht darauf an, dass das Pferd möglichst teuer ist, sondern dass es zum Reiter passt, außerdem »rittig« und nervenstark ist und über drei korrekte Grundgangarten verfügt. Für den Turnier-Einsteiger ist ein solches Pferd, auch wenn es bewegungsmäßig etwas begrenzt ist, immer die beste Lösung.

Quarter Horse mit rassetypischem Körperbau

Geeignet sind hier auf jeden Fall die meisten einheimischen Warmblüter. Andere Rassen, wie talentierte Friesen, Andalusier, Vollblüter, Haflinger oder Norweger, bieten sich ebenfalls für den Turniereinstieg an. Da sie ursprünglich aber für andere Verwendungen gezüchtet wurden, darf man seinem Pferd und den Richtern nicht böse sein, wenn's mit der Dressurkarriere bei manchen dieser Pferde vielleicht mal nicht so passt.

▸ Die Planung

Organisatorisches vor der ersten Nennung

Pferdeleistungsprüfungen – Turniere also – werden von der Deutschen Reiterlichen Vereinigung (FN), dem Dachverband der Reiter, in drei Kategorien unterteilt: C, B und A. Dabei ist ein Kategorie C-Turnier das kleinste, das vor allem Turniereinsteigern vorbehalten ist. Auf einer solchen Veranstaltung gibt es nur geringe Geldpreise, die Starter sind nach ihrer räumlichen Herkunft begrenzt und die Anfoderungen gehen nur bis zur Klasse E.

Der Reiter, der an Kategorie C-Turnieren teilnehmen möchte, muss in den meisten Landesverbänden nicht im Besitz eines Reitausweises sein. Voraussetzung für diesen Ausweis ist der Basispass und das erfolgreich abgelegte Reitabzeichen Klasse IV, für das eine E-Dressur, ein E-Springen und eine theoretische Prüfung verlangt wird. Erst mit diesem Abzeichen in der Tasche kann der Reiter bei der FN seinen »Einstiegs-«Reitausweis anfordern.

Die deutschen Abzeichen im Reiten

- DRA in Gold
- DRA I / Silber mit Lorbeer
- DRA II / Silbernes Abzeichen
- DRA III / Bronzenes Abzeichen
- DRA IV / Kleines Reitabzeichen
- Basispass Pferdekunde

Leistungsklassen 2002: Dressur
Einstufung und Startberechtigung

Prüfungsklasse: S, M/A, M/B, L, A, E + Kat. C WB

Leistungsklasse	0	6	5	4	3	2	1
Einstufung und Startberechtigung	Reiter ohne Besitz eines gültigen Reitausweises	Reiter mit Besitz eines gültigen Reitausweises mit Leistungsklassenvermerk D6	Reiter mit Besitz eines gültigen Reitausweises mit Leistungsklassenvermerk D5	1x1.-w Kl. M/A,B oder 3x1.-w. Kl. L oder 1x1.-w. Viels. Kl. S/M oder 2x1.-w. Viels. Kl. L	1x1.-w Kl. S oder 3x1.-w. Kl. M/A,B	3x1.-5 Kl. S oder 3x1.-3. Kl. M/A und 1x1.-5. Kl. S	20x1.-3 Kl. S oder 5x1.-5. Grand Prix, Grand Prix Special, Grand Prix Kür
zusätzlich auf Antrag	./.	./.	./.	Pferdewirt (FN)-Reiten/Bereiter (FN) Trainer A /Amateurreitlehrer DRA I DRA II DRA II (Dressur)	Pferdewirtsch.meister- Schwpkt. Reitausbildg./Berufsreitlehrer (FN) DRA in Gold DRA I DRA I (Dressur)	DRA in Gold	

Damit hat er dann die Berechtigung, Kategorie C-Turniere, also E-Prüfungen, zu reiten und A-Prüfungen in Kategorie B.

Um aber auch die Inhaber der Reitausweise leistungsmäßig auseinander dividieren zu können, hat die FN das so genannte Leistungsklassen (LK)- und im Jahr 2000 zusätzlich noch das Ranglistenpunkte (RLP)-System entwickelt. Jeder Reitausweis-Inhaber wird in den Disziplinen Dressur, Springen und Vielseitigkeit einer eigenen Leistungsklasse (von 6 bis 1) zugeordnet, abhängig von seinen Turniererfolgen und/oder von seinem jeweiligen erreichten Reitabzeichen. Je größer die Erfolge (bzw. je hochrangiger das Reitabzeichen), desto besser die Leistungsklasse. Reitausweis-Neulinge werden zum Beispiel in die LK 6 eingeteilt, Inhaber des Silbernen Reitabzeichens auf Wunsch in die LK 4.

Momentaufnahme: Friese in einer L-Dressur

Für seine Platzierungen erhält jeder Reiter nach einem bestimmten Berechnungsmodus außerdem noch

Das kostet der Spaß

Reitabzeichen: rund 15 Euro
(regional unterschiedlich, hinzu kommen die Lehrgangskosten)
Reitausweis: 15–45 Euro
Pferdeeintragung (Liste I, II): 59 Euro (Liste III): 76–148 Euro
Pferdeaufkleber: 18 Euro
Pferdepass (Turnierpferde): 12 Euro

Ranglistenpunkte, die – ebenso wie die Leistungsklasse – auf dem jährlich neu anzufordernden Reitausweis notiert sind. So ist es Veranstaltern möglich, bei besonders hohen Nennungsergebnissen innerhalb einer Prüfung nicht nur nach Leistungsklassen, sondern zusätzlich noch nach Ranglistenpunkten zu unterteilen. Ein Vorteil für die Reiter: Sie messen sich dann wirklich nur mit den Konkurrenten, die sich derzeit auf einem vergleichbaren reiterlichen Niveau befinden.

Jede Menge Papierkram

Wer nun ein Turnier reiten will, muss zuvor eine »Nennung« abgeben, das heißt, für die ausgesuchte Veranstaltung die Prüfungen, an denen man teilnehmen möchte, »nennen«. Dazu gibt es einen Nennungsscheck für den Reiter und spezielle Pferde-Aufkleber. Beides muss man bei der FN in Warendorf beantragen.

Beim ersten Mal geschieht dieser Antrag auf Reiter-Scheckheft und Pferdeaufkleber formlos. Hat man die Unterlagen erhalten, kann man Ende des Jahres auf vorgefertigten und mitgelieferten Formularen die Fortschreibung für die nächste Saison beantragen. (Pferdeaufkleber gibt es übrigens nur, wenn der Vierbeiner auch in eine der drei FN-Listen für Turnierpferde eingetragen ist.) Und da es im Leben meist nichts geschenkt gibt, kostet der ganze notwendige Papierkram erst einmal Geld. Ebenso die Ausstellung des Pferdepasses, der nach EU-Richtlinien für alle Pferde Pflicht ist. Transportiert werden und auf Turnieren starten dürfen nur Pferde, die einen

Der Pferdepass ist für alle Pferde Pflicht

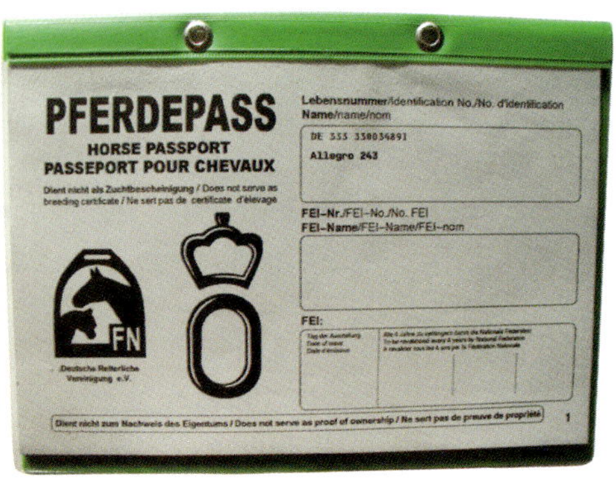

Mit freundlicher Genehmigung der Deutschen Reiterlichen Vereinigung

solchen Pass besitzen. Erhältlich ist er über die FN oder über den zuständigen Zuchtverband, bei dem das Pferd einst eingetragen wurde. Auf Turnieren muss man den Pferdepass, in dem unter anderem auch die Pflicht-Impfungen für den Vierbeiner eingetragen werden, auf Verlangen vorzeigen. Hat man ihn nicht dabei und kann man die Impfung nicht nachweisen, kann man vom Turnier ausgeschlossen werden. Ohne Pferdepass also kein Turnierstart!

So ausgerüstet kann's nun ans Nennen gehen. Damit man als Reiter überhaupt weiß, was auf dem angepeilten Turnier angeboten wird, verfassen die Veranstalter (sprich die Reitvereine) eine »Ausschreibung«. Darin ist außer dem Datum genau festgelegt, welche Prüfungen auf dem Progamm stehen, welche Reiter und Pferde darin starten dürfen, ob Ponys zugelassen sind, wie hoch die Nenngebühr ist, was es zu gewinnen gibt, an welchem Tag die jeweiligen Prüfungen voraussichtlich stattfinden und welche Handicaps es gibt. Dies können für den Reiter neben der Leistungsklasse auch das Alter oder die Vereinszugehörigkeit (räumliches Handicap) sein, für das Pferd Alter und Erfolge.

Das Wo, Was, Wie?

Zu finden sind die Ausschreibungen jeden Monat in den Landesverbandszeitungen. In den meisten dieser Zeitungen sind die betreffenden Seiten farbig markiert. Damit die Veranstalter Muße genug haben, ihre Zeiteinteilung zu planen, kann man nur bis vier Wochen vor dem Turnier nennen. Der Nennungsschluss zu einer Veranstaltung ist in der jeweiligen Ausschreibung gleich vorn vermerkt. Verpasst man den Nennungsschluss, hat man Pech gehabt. Oder man darf – falls nicht durch Ausschreibung verboten – »nachnennen«. Doch das schlägt locker mit 50 Euro zu Buche.

Die Utensilien fürs Nennen

Wer an Kategorie C-Turnieren teilnehmen möchte, sollte sich in seinem Reitstall, bei seinem Reitlehrer oder in einem örtlichen Reitsportgeschäft erkundigen, welche Verbandszeitung für ihn in Frage kommt. Dort findet er dann auch die Kategorie C-Ausschreibungen.

Wer darf wo starten?

Um die Starterfelder auf den Turnieren in ihrem Niveau innerhalb der einzelnen Prüfungen vergleichbar zu halten, sind die Prüfungen entspechend ihrem Anspruch für die verschiedenen Leistungsklassen ausgeschrieben. So wird im Allgemeinen verhindert, dass zum Beispiel ein erfahrener Leistungsklasse II-Reiter, der schon Erfolge in schweren Dressurprüfungen aufweisen kann, Leistungsklasse V-Reitern, also Neulingen im Turniersport, die Pokale unfair vor der Nase wegschnappt. Aus diesem Grund sind E-Dressuren nur Reitern ohne Leistungsklasse bzw. mit LK 6 vorbehalten, A-Dressuren Reitern mit den Leistungsklassen 6 bis 2, L-Dressuren LK 5 bis LK 1, M-Dressuren LK 4 bis LK 1 und S-Dressuren LK 3 bis LK 1. Dabei leiten sich die Buchstabenbezeichnungen folgendermaßen ab:

E steht für Eingangsprüfung,
A für Anfänger,
L für leicht,
M für mittel und
S für schwer –

eine Einteilung, die nicht unbedingt wörtlich verstanden werden sollte. Echte Anfänger beispielsweise können noch keine turnierreife A-Dressur reiten, und für einen beginnenden L-Reiter ist eine L-Dressur alles andere als leicht.

Nennen kann man auf einem Turnier mit ein und demselben Pferd immer nur Prüfungen zweier nebeneinander liegender Leistungsniveaus. Also E und A, A und L, L und M oder M und S. Mehr als drei Prüfungs-Starts pro Tag sind mit Rücksicht auf das Pferd nicht erlaubt. Ausnahmen sind Mannschaftsprüfungen und Einfache Reiterwettbewerbe. Derartige Beschränkungen sind in der LPO, der Leistungsprüfungsordnung, geregelt. Wer sich fürs Turnierreiten entscheidet, der unterwirft sich damit auch automatisch diesem von der FN aufgestellten Regelwerk und wird bei Verstoß bestraft.

Hier steht einem A-Dressurstart nichts entgegen

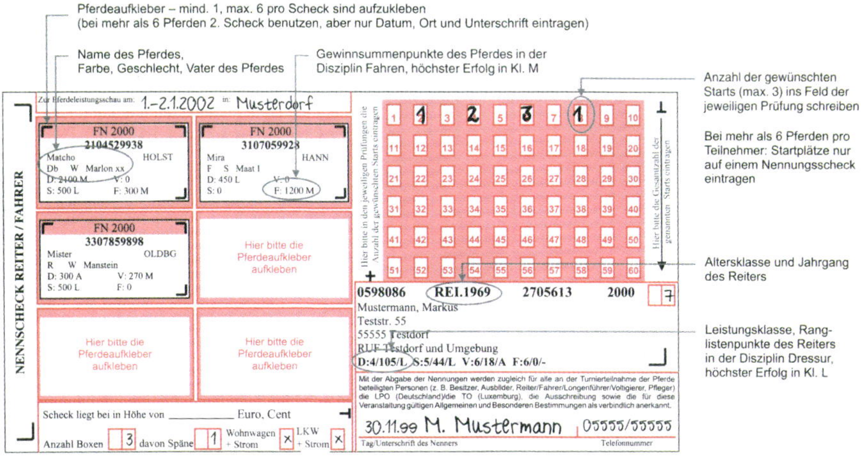

Nennen – so geht's

Für Turniere ab Kategorie B gibt es vorgedruckte Nenn-Schecks, in die die Pferde-Aufkleber geklebt und die gewünschten Starts in den nummerierten Prüfungen markiert werden. Für Kategorie C gibt es Formulare, in die alles per Hand eingetragen wird.

Nennungsformulare für Kategorie B/A (siehe oben) und Kategorie C (siehe unten)

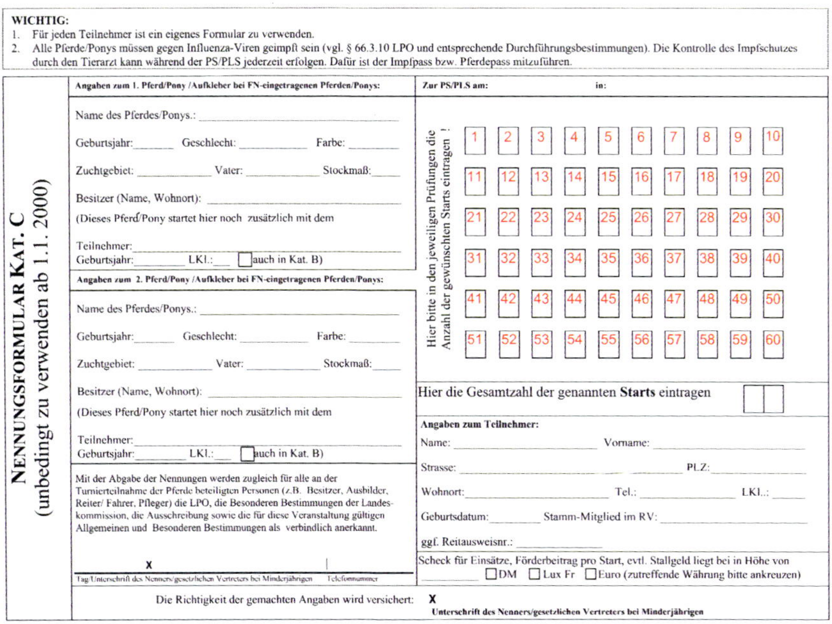

WICHTIG:
1. Für jeden Teilnehmer ist ein eigenes Formular zu verwenden.
2. Alle Pferde/Ponys müssen gegen Influenza-Viren geimpft sein (vgl. § 66.3.10 LPO und entsprechende Durchführungsbestimmungen). Die Kontrolle des Impfschutzes durch den Tierarzt kann während der PS/PLS jederzeit erfolgen. Dafür ist der Impfpass bzw. Pferdepass mitzuführen.

NENNUNGSFORMULAR KAT. C
(unbedingt zu verwenden ab 1.1. 2000)

Angaben zum 1. Pferd/Pony /Aufkleber bei FN-eingetragenen Pferden/Ponys:

Name des Pferdes/Ponys.: ______

Geburtsjahr: ______ Geschlecht: ______ Farbe: ______

Zuchtgebiet: ______ Vater: ______ Stockmaß: ______

Besitzer (Name, Wohnort): ______

(Dieses Pferd/Pony startet hier noch zusätzlich mit dem

Teilnehmer: ______
Geburtsjahr: ______ LKl.: ___ ☐ auch in Kat. B)

Angaben zum 2. Pferd/Pony /Aufkleber bei FN-eingetragenen Pferden/Ponys:

Name des Pferdes/Ponys.: ______

Geburtsjahr: ______ Geschlecht: ______ Farbe: ______

Zuchtgebiet: ______ Vater: ______ Stockmaß: ______

Besitzer (Name, Wohnort): ______

(Dieses Pferd/Pony startet hier noch zusätzlich mit dem

Teilnehmer: ______
Geburtsjahr: ______ LKl.: ___ ☐ auch in Kat. B)

Mit der Abgabe der Nennungen werden zugleich für alle an der Turnierteilnahme der Pferde beteiligten Personen (z.B. Besitzer, Ausbilder, Reiter/ Fahrer, Pfleger) die LPO, die Besonderen Bestimmungen der Landeskommission, die Ausschreibung sowie die für diese Veranstaltung gültigen Allgemeinen und Besonderen Bestimmungen als verbindlich anerkannt.

x
Tag/Unterschrift des Nenners/gesetzlichen Vertreters bei Minderjährigen | Telefonnummer

Zur PS/PLS am: ______ **in:** ______

Hier bitte in den jeweiligen Prüfungen die Anzahl der gewünschten Starts eintragen !

1	2	3	4	5	6	7	8	9	10
11	12	13	14	15	16	17	18	19	20
21	22	23	24	25	26	27	28	29	30
31	32	33	34	35	36	37	38	39	40
41	42	43	44	45	46	47	48	49	50
51	52	53	54	55	56	57	58	59	60

Hier die Gesamtzahl der genannten **Starts** eintragen

Angaben zum Teilnehmer:

Name: ______ Vorname: ______

Strasse: ______ PLZ: ______

Wohnort: ______ Tel.: ______ LKl.: ______

Geburtsdatum: ______ Stamm-Mitglied im RV: ______

ggf. Reitausweisnr.: ______

Scheck für Einsätze, Förderbeitrag pro Start, evtl. Stallgeld liegt bei in Höhe von ______ ☐DM ☐Lux Fr ☐Euro (zutreffende Währung bitte ankreuzen)

Die Richtigkeit der gemachten Angaben wird versichert: **x**
Unterschrift des Nenners/gesetzlichen Vertreters bei Minderjährigen

Mit freundlicher Genehmigung der Deutschen Reiterlichen Vereinigung

Reiterliche Voraussetzungen

Ein Turnier ist nicht zum Üben da. Es gibt Richter, die diesen Satz einem Reiter nach einem missglückten Ritt mit auf den Weg geben. Dies ist zwar nicht die feine Art und kann vor allem unsichere Turnierneulinge völlig aus der Fassung bringen und dauerhaft vom weiteren Turniergeschehen fern halten. Doch sollte man sich vor seinem ersten Start wirklich überlegen, ob man selbst und das Pferd für einen öffentlichen Auftritt bereit ist. Wer den gestellten Anforderungen noch überhaupt nicht genügt, sollte sich noch mehr Zeit geben und sich in qualifiziertem Unterricht das notwendige Rüstzeug für ein Turnier holen.

Was aber sind die Anforderungen? Zunächst einmal muss der Reiter in der Lage sein, korrekt auf dem Pferd zu sitzen und auf es einzuwirken. Das Pferd sollte sicher an den Hilfen stehen, was zunächst nicht viel mehr heißt, als dass es jederzeit von seinem Reiter kontrollierbar ist, dabei – wie im Dressursport verlangt – Kopf und Hals fallen lässt und auf feine Hilfen reagiert. Entsprechend der Klassen-Einteilung E, A oder L (später auch M und S) unterscheiden sich die Kriterien der einzelnen Aufgaben:

Hängercheck

Zeitig vor dem ersten Turnierstart sollten Sie kontrollieren, ob Ihr Pferdeanhänger einsatzbereit ist:

- [ ] Lässt sich das Stützrad hoch- und runterdrehen?
- [ ] Reifendruck und Reifenprofil überprüfen.
- [ ] Blockiert ein Rad? Handbremse lösen, Hänger vor- und zurückziehen.
- [ ] Riegel, Verschlüsse und Scharniere prüfen, eventuell ölen.
- [ ] Hänger anhängen und Elektrik (Bremslicht, Blinker, Innenbeleuchtung) kontrollieren.
- [ ] Hängerboden von unten abklopfen, dunkle Stellen im Holz mit einem Schraubenzieher o.Ä. kontrollieren.
- [ ] Frühjahrsputz mit Hochdruckreiniger (wenn am Stall nicht möglich, zur nächsten Tankstelle fahren) vornehmen.

In der E-Dressur werden die drei Grundgangarten Schritt, Trab und Galopp im Arbeitstempo verlangt; außerdem ganze Paraden zum Halten, Schlangenlinien und Übergänge Trab-Galopp und Galopp-Trab. Der Sitz des Reiters wird etwa zu 50 Prozent gewertet.

In der A-Dressur kommen zu den Anforderungen der Klasse E noch der Mitteltrab und der Mittelgalopp hinzu, darüber hinaus Lektionen wie einfache Galoppwechsel, Rückwärtsrichten, Vorhandwendung, Zügel-aus-der-Hand-kauen-lassen oder Viereck verkleinern und vergrößern.

Für einen Turnierstart muss ein Pferd sicher an den Hilfen stehen

In der L-Dressur schließlich werden dann erstmals versammelte Tempi im Trab und Galopp verlangt, außerdem Außengalopp und Hinterhandwendungen.

Die Kriterien der M-Dressur (einzelne fliegende Galoppwechsel, Traversalen, Schulter herein) und der S-Dressur (fliegende Galoppwechsel zu mehreren Tempi, Galopp-Pirouetten) sollen hier nur der Vollständigkeit halber erwähnt werden.

Während E- und A-Dressuren ausschließlich auf Trense geritten werden, kann eine L-Dressur auf Trense oder Kandare ausgeschrieben werden. Dabei wird ab L-Dressur einzeln geritten (Ausnahme L 1), E-Dressuren sind fast immer in der Abteilung zu absolvieren (es werden selten Einzel-E-Dressuren geritten), bei A-Dressuren gibt es sowohl die Abteilungs-, als auch die Einzel-Variante – je nach ausgeschriebener Aufgabe. Wer unliebsame Überraschungen vermeiden will, sollte bei der Nennung die Ausschreibung also sorgfältig studieren.

Dort steht dann auch bereits, welche Aufgabe es in der Prüfung zu reiten gilt. Sämtliche Dressuraufgaben sind im gelben FN-Aufgabenheft zu finden, einem »Beiheft« zur LPO. Für die Klasse E gibt's derzeit elf unterschiedliche Aufgaben, für A sind es zehn und für L neun. Somit ist gewährleistet, dass die Reiter nicht Turnier für Turnier, Saison für Saison und Jahr für Jahr immer nur die gleichen Aufgaben herunterreiten. Ein bisschen Abwechslung muss sein. Außerdem sind die Aufgaben auch innerhalb einer Klasse in ihrem Schwierigkeitsgrad abgestuft.

PROFI·TIPP

Isabell Werth

Fit fürs Turnier
Ich habe generell dann ein gutes Gefühl, wenn ich eine reelle Hilfe geben kann und eine Aufgabe zu Hause reell durchreiten kann. Die letzte Perfektion muss noch nicht da sein, aber ich möchte ein sicheres Gefühl haben, eine gute Prüfung absolvieren zu können. Was dann auf dem Turnier passiert, steht immer noch auf einem anderen Blatt.

Fit fürs Turnier – aber wann?

Voraussetzungen für mein Pferd

Wie gesagt – üben sollten Pferd und Reiter zu Hause. Doch irgendwann einmal muss man sich in die Höhle des Löwen, sprich aufs Turnier wagen. Ein bisschen Mut zur Lücke gehört da manches Mal schon dazu, immerhin stellt ein Turnier eine völlig andere Situation dar. Auch wenn in der heimischen Reithalle alles wunderbar klappt, muss dies noch lange nicht für die unbekannte Umgebung eines Turnierplatzes gelten. So manches Pferd sieht auf fremden Plätzen plötzlich imaginäre Gefahren und verspannt sich, während so mancher Reiter vor lauter Aufregung vergisst, was ihm sein Reitlehrer bei der Vorbereitung wochenlang gepredigt hat. Hier hilft nur eins: So viele Turniere wie möglich reiten, so dass aus dem besonders spannenden Auftritt für alle Beteiligen entspannte Routine wird.

Dabei ist es natürlich wichtig, sein Pferd nicht zu überfordern. Jede Fahrt zum Turnier, jeder Start bedeutet für alle Beteiligten Stress – auch fürs Pferd. Inwieweit sich dieser Stress negativ auf ein Pferd auswirkt, ist sehr typabhängig. Nervöse, ängstliche Pferde geraten eher unter Stress als ruhige, ausgeglichene. Hinweise darauf können unter anderem Leistungsabfall, schlechtes Fressen oder übermäßiges Schwitzen sein. Wägen Sie genau ab, wie viel Sie Ihrem Pferd zumuten können und wann Sie besser mal eine Turnierpause einlegen sollten.

Wer sich in Dressurprüfungen umschaut, wird überall gute, durchschnittliche und auch schlechte Leistungen sehen. Doch was ist es, das einen guten Ritt ausmacht oder einen schlechten Ritt? Ist es immer nur die Qualität des Pferdes, die den Ausschlag gibt zwischen goldener Siegerschleife und dem Ergebnis »nicht platziert«? Es gibt Reiter, die gerne damit argumentieren, wenn sie ohne eine Schleife nach Hause fahren müssen. »Mein Pferd ist nicht gut genug«, heißt's dann oft schon von den jüngsten Reitern. Oder: »Der Richter konnte mein Pferd nicht leiden.« Dabei gibt es außer den unterschiedlichen Prüfungskriterien noch eine allgemeine Richtschnur, an der sich nicht nur die Richter bei ihrer Bewertung orientieren, sondern nach der sich auch die Arbeit mit einem Pferd richten soll: die »Skala der Ausbildung«. Diese Skala besteht aus den einzelnen Punkten Takt, Losgelassenheit, Anlehnung, Schwung, Geraderichtung und Versammlung.

Die magische Formel
Sechs Komponenten

Die Skala der Ausbildung

- 1. Takt
- 2. Losgelassenheit
- 3. Anlehnung
- 4. Schwung
- 5. Geraderichtung
- 6. Versammlung

= Durchlässigkeit

Takt – Losgelassenheit – Anlehnung – Schwung – Geraderichtung – Versammlung. Diese Punkte definieren die Skala der Ausbildung, quasi die magische Grundformel der klassischen Reiterei. Was auf den ersten Blick vielleicht ein wenig theoretisch klingt, ist bei näherem Betrachten gar nicht so kompliziert und macht vor allem Sinn, da die einzelnen Komponenten sowohl aufeinander aufbauen, als auch voneinander abhängig sind und ineinander verzahnen. So gibt es ohne Takt keine Losgelassenheit und ohne die keinen echten Schwung.

Definition Takt

Das räumliche und zeitliche Gleichmaß aller Schritte, Tritte und Sprünge.

TAKT Ein Pferd, das in einer oder mehreren Grundgangarten nicht im Takt geht, hat im Allgemeinen ein Problem. Entweder ein gesundheitliches (Lahmheit) oder ein ausbildungstechnisches (Zügellahmheit, Verspannung im Rücken mit daraus folgenden passartigem Schritt u. Ä.). Zum einen werden Taktfehler bei einer Dressurprüfung mit entsprechendem Notenabzug bestraft, zum anderen sollten sie für den Reiter Anlass sein, sein Pferd von einem Tierarzt gesundheitlich durchchecken zu lassen und, sollte die Untersuchung nichts ergeben, sich Gedanken über mögliche Fehler in der Ausbildung zu machen.

Ein klarer Takt ist das A und O jeder Dressurarbeit

Definition Losgelassenheit

Die physische und psychische Gelöstheit des Pferdes.

LOSGELASSENHEIT Ähnliches gilt für die Losgelassenheit eines Pferdes, die auch der ungeübte Reiter recht gut erkennen kann. Ein losgelassenes Pferd vermittelt seinem Reiter ein angenehmes Sitzgefühl und konzentriert sich auf dessen Hilfen sowie auf die ihm gestellte Aufgabe. Ein entspannt pendelnder Schweif und ein aufmerskames, auf den Reiter gerichtetes Ohrenspiel sind äußere Anzeichen der Losgelassenheit. Ein verspanntes Pferd dagegen lässt meist nicht gut sitzen, klemmt den Schweif ein oder trägt ihn übertrieben hoch, ist seinem Reiter gegenüber unaufmerksam bis hin zu ungehorsam. Unbekannte Situationen, wie zum Beispiel ein ungewohnter Turnierstart, können die Losgelassenheit eines Pferdes vorübergehend negativ beeinflussen. Auch für die Vierbeiner kann es deshalb hilfreich sein, zunächst recht häufig auf Turnieren vorgestellt zu werden, damit nicht jeder Start eine völlig neue Situation darstellt, die das Pferd aus dem seelischen Gleichgewicht und damit aus der Losgelassenheit bringt.

Definition Anlehnung

Die stete und weiche Verbindung zwischen Reiterhand und Pferdemaul.

ANLEHNUNG Takt und Losgelassenheit sind Voraussetzung für die nächste Komponente der Ausbildungs-Skala, die Anlehnung. Gerade hier sieht man in vielen kleinen und großen Dressurprüfungen oft deutliche Mängel. Entweder sind die Pferde zu lose in der Anlehnung, dehnen sich also nicht leicht an die stehende Reiterhand heran, sondern klappern mit dem Gebiss und rollen ihren Hals auf. Oder sie sind von starker Hand fest in die verlangte Haltung gezogen, wehren sich aber bei jeder sich bietenden Gelegenheit gegen diesen Zwang, vor allem bei Übergängen, Paraden, Übersteichen oder »Zügel-aus-der-Hand-kauen -lassen«. Im Protokoll drücken Richter dies dann mit der Formulierung »gegen die Hand« aus.

Ein Pferd in eine gute Anlehnung hineinzureiten ist nicht ganz einfach und erfordert sehr viel Erfahrung und reiterliches

Ein Ziel der Dressurausbildung ist eine leichte Anlehnung

Geschick. Hilfreich ist – sowohl bei der Lösungs-, als auch bei der späteren Arbeitsphase – das Reiten vieler Übergänge wie Schritt-Trab-Schritt, Trab-Galopp-Trab, später auch Trab-Halt und Galopp-Schritt. Wichtig dabei ist, dass der Reiter während des Übergangs das Pferd von hinten nach vorne an die Hand herantreibt, kurz gegenhält und im geeigneten Moment nachgibt. Um das für dieses Zusammenspiel der Hilfen richtige Timing zu erlernen und zu erfühlen, ist ein guter Unterricht von unten (in schwierigen Fällen eventuell auch ein unterstützender Beritt) unbedingt erforderlich. Wer hier glaubt, mit Fummelei und dem dauernden (und damit falschen) Einsatz von Hilfszügeln tricksen zu können, wird auf Dauer bei Turnieren die Rechnung präsentiert bekommen.

Definition Schwung

Die Übertragung des energischen Impulses aus der Hinterhand auf die Gesamtvorwärtsbewegung des Pferdes. Ein Pferd geht schwungvoll, wenn es energisch abfußt und in der Schwebephase seine Gliedmaßen gut nach vorne durchschwingt.

SCHWUNG Erst wenn Takt, Losgelassenheit und Anlehnung wirklich stimmen, kann ein Pferd echten Schwung entwickeln. Zwar gibt es auch einen natürlichen Schwung, der manch einen Vierbeiner quasi mit in die Wiege gelegt wurde, dem anderen dagegen nicht. Doch kann gerade der Schwung durch schlechte und falsche Reiterei ganz schnell »kaputt« gemacht werden. Andererseits können gute Reiter die Bewegungsqualität eines Pferdes, das von Natur aus vielleicht nicht mit ganz so viel »Gummi« ausgestattet ist, durch korrekte und konsequente gymnastizierende Dressurarbeit verbessern. Letzteres gilt in erster Linie für die Trabarbeit und auch hier nur in begrenztem Maße. Aus einem Trabbi macht auch der beste Reiter keinen Ferrari.

Definition Geraderichtung

Ein Pferd ist gerade gerichtet, wenn Hinterhand und Vorderhand aufeinander eingespurt sind, das heißt, wenn es auf gerader und gebogener Linie seiner Längsachse der Hufschlaglinie angepasst ist.

GERADERICHTUNG steht, für manchen sicher ein wenig überraschend, erst an vorletzter Stelle der Ausbildungs-Skala. Sie zu erreichen ist nur durch die korrekte »Vorarbeit« möglich, da Pferde eine »natürliche Schiefe« haben. Warum, darüber streiten sich die Experten. Manche Wissenschaftler gehen davon aus, dass die Schiefe mit der Lage des Fohlens im Mutterleib zusammenhängt. Andere argumentieren, Pferde seien – ähnlich wie Menschen – Links- bzw. Rechtshänder. Fakt ist auf jeden Fall, dass vor allem junge Pferde zu Anfang mehr oder weniger schief auffußen, ähnlich wie man es bei manchen Hunden beobachten kann. Für die Dressurreiterei gilt es aber, diese Schiefe wegzuarbeiten, das Pferd gerade zu richten. Erst wenn das gelingt, wird es auf beiden Händen die verlangte Lektionen gleich gut absolvieren können, auf beiden Körperseiten im Optimalfall die gleiche Muskulatur entwickeln und damit die Grundlage haben für eventuelle spätere höhere Aufgaben.

Wie schwierig das so simpel klingende Geraderichten ist, merkt schon der E-Dressurreiter beim Einreiten und bei der Grußaufstellung. Fußen die Hinterhufe nicht schnurgerade in die Spuren der Vorderhufe ein, wird das Einreiten schief. Viele Reiter versuchen dann, mit Hand und Schenkeleinsatz dem irgendwie entgegenzuwirken, was oft in Schwanken oder im Genickverwerfen endet. Besser wäre es, das Pferd in einem solchen Moment bei beidseits gleich einwirkenden Schenkelhilfen und gleichmäßig anstehender Hand etwas mehr nach vorne zu treiben, also das Tempo leicht zu erhöhen. Das allein reicht oft schon aus, zumindest beim Einreiten, etwas gerader hereinzukommen.

Ansonsten ergibt sich langfristig die Geraderichtung aus täglichem korrekten Reiten. Schon die alten Meister foderten: »Richte dein Pferd gerade und reite es vorwärts.« Dies soll vermehrt auch auf gebogenen Linien geschehen. Was zunächst paradox klingen mag, macht durchaus Sinn. Durch das Reiten auf gebogenen Linien wird das Pferd nämlich auf beiden Händen gymnastiziert, einmal dehnt sich die Muskulatur der einen Körperseite, einmal die andere, und beide Hinterbeine werden abwechselnd stärker belastet. Wer zu Hause oder im Fitnessstudio selbst Gymnastik oder Kraftsport betreibt, weiß, wie wichtig es ist, Übungen immer sowohl rechts als auch links auszuführen.

Die Piaffe ist die höchstmögliche Versammlung

PROFI·TIPP

Isabell Werth

Das Allerwichtigste ist, dass der Reiter in der Lage ist, tief zu sitzen und sich den Bewegungen des Pferdes anzupassen. Dies ist Voraussetzung für die Balance und die richtige Einwirkung. Der Grundsitz muss stimmen, Kleinigkeiten ergeben sich dann von selbst. Über den Sitz trennt sich die Spreu vom Weizen.

Definition Versammlung

Sie ist das Ziel der gesamten Ausbildung. Entscheidend ist, dass die Last des Pferdes, einschließlich des Reitergewichts, möglichst gleichmäßig auf alle vier Beine verteilt wird.

VERSAMMLUNG Die bisher kurz angesprochenen Komponenten sind alle gemeinsam Voraussetzung für den letzten Punkt der Ausbildungs-Skala: die Versammlung. Erst wenn alles Vorherige stimmt, kann eine schöne, sprich geschmeidige Versammlung erreicht werden. Versammlung hat nichts zu tun mit langsam reiten – auch wenn es von manchen L-Dressurreitern offenbar so verstanden wird. Ein versammeltes Pferd winkelt vielmehr die Gelenke seiner Hinterhand stärker an, vergleichbar mit einer Spiralfeder, die zusammen gedrückt wird. Das Pferd nimmt dadurch vermehrt Last mit seinen Hinterbeinen auf und scheint bergauf zu gehen. Durch die entstehende Spannung, man könnte es eine positive Körperspannung nennen, federt das Pferd außerdem mehr. Es beginnt – bei optimaler Darbietung – zu »tanzen«.

Um die »Spiralfeder« nicht zu ermüden ist es sinnvoll, nicht Runde um Runde hohe Versammlung zu verlangen, sondern zwischendurch immer wieder nach vorne zu reiten, das Tempo also zu erhöhen. Dieser Wechsel der Muskelanspannung ist für das Pferd das beste Muskeltraining überhaupt und befähigt es nach und nach, versammelte Tempi immer länger durchzuhalten. Während in einer L-Dressur die versammelten Phasen noch recht kurz sind, werden sie mit ansteigendem Schwierigkeitsgrad immer länger. Der Höhepunkt versammelter Lektionen sind schließlich in den hohen Dressuren die Piaffe und die Passage, die vom Pferd enorme Muskelkraft verlangen.

Der Weg ist das Ziel

Bei der täglichen Arbeit mit seinem Pferd muss man sich als Reiter immer wieder vor Augen führen, dass die Ausbildungs-Skala nicht irgendwann einfach als »erreicht« abgehakt werden kann. Die Ausbildungs-Skala begleitet ein Pferd sein ganzes Reitpferdeleben lang. Immer wieder – selbst bei dem besten S-Dressurkracher – kann es zu Schwierigkeiten kommen, die auf Mängel in einer oder mehrerer der beschriebenen Komponenten zurückzuführen sind. Anlehnungsmängel zum Beispiel können sich immer einschleichen, ebenso Probleme mit der Losgelassenheit oder dem Takt. Als Reiter muss man sich und seine Arbeit täglich kritisch hinterfragen, immer wieder überprüfen, ob man einen der Ausbildungs-Mosaiksteine vernachlässigt hat und ob man nicht wieder einen Schritt zurück machen sollte, um letztlich schneller sein Ziel zu erreichen.

▸ Grundlage richtiger Sitz

Gleichgewicht gefragt

Der richtige Sitz ist für einen Dressurreiter nicht nur eine Frage der besseren Optik. Er ist auch Voraussetzung für eine korrekte Ausbildung des Pferdes und für einen gelungenen Ritt einer Dressuraufgabe. Am wichtigsten dabei ist, dass Reiter und Pferd miteinander im Gleichgewicht sind. Hat der Reiter damit noch Schwiergkeiten, »stört« er sein Pferd bei jedem Schritt und Tritt. Die Katze beißt sich dann in den Schwanz, denn auch das Pferd,

Die korrekt sitzende Reiterin hat ihr Pferd sicher an den Hilfen

das auf diese Weise aus seinem Gleichgewicht kommt, beginnt seinerseits, den Reiter daran zu hindern, ins Gleichgewicht zu kommen, indem es nicht mehr richtig durchs Genick geht, seine Rückenmuskulatur verspannt, schlecht sitzen lässt und »unbequem« wird.

Fürs Foto demonstriert: Die Reiterin knickt in der Hüfte ein, das Pferd fußt dadurch schief

In Bildern denken

Ein guter Reitlehrer wird deshalb vor allem am Anfang der Ausbildung viel Wert auf die Vermittlung des richtigen Reitersitzes und der daraus entstehenden korrekten Einwirkung legen. Knappe Kommandos wie »Kopf hoch« oder »Hände tiefer« greifen erst bei einem erfahrenen Reiter, der im Eifer der Konzentration kleine Sitz-Nachlässigkeiten schnell wieder korrigieren kann. Unerfahrenen Reitern oder solchen, bei denen sich Sitzprobleme bereits manifestiert haben, bringen derartige Kurz-Kommandos nicht viel, da sie noch viel zu sehr mit sich selbst zu tun haben. Im Gegenteil – belastet der Reitlehrer einen nicht ganz so erfahrenen Reiter mit solchen Kommandos, erreicht er meist nur, dass sich sein Schüler immer mehr verkrampft. Besser ist es für Ausbilder und Reitschüler, in Bildern zu vermitteln beziehungsweise zu denken. Statt »Kopf hoch und Oberkörper aufrichten« könnte die Anweisung zum Beispiel auch heißen »Stell Dir vor, du bist ein spanischer Grande und reitest stolz an 10.000 Zuschauern vorbei«. Probieren Sie es aus – Sie werden sich wundern, wie aufrecht und doch entspannt Sie plötzlich zum richtigen Sitz kommen.

Wie aber sieht er aus, der »richtige Dressursitz«? Ein guter Reiter sitzt aufrecht (Stichwort spanischer Grande) und ausbalanciert tief im Mittelpunkt des Sattels, bei langem, leicht angewinkeltem Bein. Die Wade liegt leicht am Pferd an, der Absatz ist tief (nicht krampfhaft runterdücken!), die Fußspitze hat die Tendenz nach innen. Absatz, Hüftgelenk und Schultergelenk bilden eine Senkrechte. Die Oberarme hängen entspannt seitlich am Oberkörper, die Unterarme sind so weit angewinkelt, dass Unterarm, untere Handkante und Zügel eine ungebrochene Linie bilden. Der Kopf wird frei getragen, das Kinn darf nicht auf die Brust sinken. Auch das ist keine Schikane des Reitlehrers, sondern hat seinen guten Grund. Wer beim Reiten immer nach unten schaut – so, als ob er nachsehen wollte, ob das Pferd noch da ist oder ob es am Zügel steht –, blockiert das natürliche Mitfedern seines Körpers mit der Bewegung des Pferdes. Wer's nicht glaubt: Hüpfen Sie doch einfach mal auf der Stelle auf und ab, einmal mit entspannt erhobenem Kopf und nach vorn gerichtetem Blick, einmal mit eingezogenem Kopf und Kinn auf der Brust. Sie werden merken, dass das Federn in Aufrichtung viel besser geht.

So wie der frei getragene Kopf des Reiters wichtig für den gesamten Sitz und damit für die erfolgreiche Arbeit mit dem Pferd ist, machen auch die übrigen Sitzvorschriften Sinn.

Die Reiterin zieht Knie und Absätze hoch und die Hände zurück – sofort reagiert das Pferd unwillig

Bei korrektem Hand- und Schenkeleinsatz lässt das Pferd den Hals fallen, könnte aber mit der Nase mehr vorgehen

Die Reiterin sitzt im Stuhlsitz, das Pferd hebt sich heraus und macht sich im Rücken fest

Die Reiterin demonstriert die Rücklage, das Pferd macht sich im Rücken fest, der Schritt wird verkürzt

Oberkörper aufrichten: Ein zusammengesunkener Oberkörper hat die ähnliche Wirkung wie ein eingezogener Kopf. Er verhindert das natürliche Mitfedern des Reiters mit der Bewegung des Pferdes.

Bein lang, Absatz tief: Mit einem langen Bein kommt man tiefer in den Sattel und kann den Pferdekörper besser »umfassen«. Der tiefe Absatz ist lediglich als Orientierungshilfe zu sehen. Bei dem Gedanken an einen tiefen Absatz streckt der Reiter sein Bein automatisch und kann auch sein Knie nicht hochziehen. Ein hochgezogenes Knie brächte ihn nämlich automatisch wieder aus der tiefen Sitzposition hinaus, was meist zu einem fehlerhaften Klemmen mit den Beinen führt.

Bei allen Bemühungen gerade und aufrecht zu sitzen, darf sich der Reiter aber nicht innerlich verkrampfen, denn dies führt automatisch auch zu einer Verspannung der Muskulatur und verhindert somit das natürliche Mitgehen mit der Bewegung. Die Balance zwischen positiver Körperspannung und zu entspanntem, herumwackelnden Körper ist eine Sache der Übung und der Fähigkeit, auch während des Reitens in Bildern zu denken.

Bilderbeispiele:

Kopf hoch –
besser: Stell dir vor, du bist ein Balletttänzer und blickst Richtung Publikum.

Oberkörper aufrichten –
besser: Stell dir vor, du bist ein spanischer Grande und reitest an 10.000 jubelnden Zuschauern vorbei.

Bein lang, Absatz tief –
besser: Versuche, mit dem Absatz Furchen in den Sand zu ziehen.

Leichter mit der Hand sein –
besser: Stell dir vor, du hast ein gespanntes Gummiband in der Hand, das weder durchhängen, noch reißen darf.

Inneren Gesäßknochen belasten –
besser: Stell dir vor, du wolltest auf dieser Seite absteigen.

Die Beispiele ließen sich beliebig erweitern und individuell auf jeden Fehler- und Reitertyp zuschneiden. Ihr Vorteil gegenüber den traditionellen Kommandos ist, dass sie bei ihrer Umsetzung den ganzen Körper des Reiters beeinflussen und nicht nur einzelne Körperteile. Dadurch lässt sich ein unerwünschtes Verkrampfen verhindern. Auch kann der Reiter durch diese Vergleiche Bilder vor seinem inneren Auge schaffen, die er meist leichter verinnerlichen und unbewusster abrufen kann. Dadurch entstehen mit der Zeit automatisierte Abläufe, über die der Reiter nicht mehr – störend – nachdenken muss. Dies verschafft ihm den Raum, sich auf seine Hilfen zu konzentrieren.

Reiter und Pferd im Gleichgewicht und gerade

B

Erfolgreich von A nach X

Aufgabenreiten ist das A und O für jeden, der an Dressurprüfungen teilnehmen möchte; und es ist nicht ganz so einfach, wie mancher vielleicht glaubt. Wer zu Hause einzelne Lektionen mit seinem Pferd beherrscht, muss nicht unbedingt gleich auch ein guter Aufgaben-Reiter sein. Denn in einer Aufgabe ist minutenlange Konzentration von Pferd und Reiter gefordert. Die Lektionen folgen Schlag auf Schlag. Lange Zeit zum Nachdenken oder zur Einleitung einer Lektion gibt es nicht. Und genau darin liegt für viele Reiter die Schwierigkeit.

Doch keine Sorge: Aufgabenreiten kann man lernen. Mit ein bisschen Übung, Geduld und guter Anleitung hat man schnell heraus, auf was es ankommt, was Richter sehen wollen und wie und wo man in der Prüfung am besten Punkte sammeln kann. Wer sich und seinem Pferd dann auch noch durch systematische und planvolle Vorbereitung unnützen Stress erspart, kann entspannt zum Turnier fahren.

Vielleicht klappt's beim ersten Start noch nicht so optimal, doch ist das kein Beinbruch. Meister sind auch im Dressursport noch keine vom Himmel gefallen.

Der Countdown läuft

▸ Das Heft der Hefte

Wer auf Turnieren Dressurreiten (oder fahren) will, braucht es: das Aufgabenheft. Erhältlich ist es in Reitsportgeschäften oder beim Verlag der Deutschen Reiterlichen Vereinigung in Warendorf, dem FN-Verlag. In dem gelben Ringbuch – es gibt eine Fassung fürs Reiten, eine andere fürs Fahren – sind neben Kurzerklärungen zu den einzelnen Anforderungen, Basis-, Aufbau-, Vielseitigkeits- und Stilspringprüfungen auch sämtliche Dressuraufgaben zu finden. Dazu gehören neben den herkömmlichen Dressuren von E bis S auch Dressurreiterprüfungen und Dressurpferdeprüfungen. Während letztere für junge Pferde bis höchstens sechs Jahre (in Ausnahmefällen bis sieben Jahre) gedacht sind, richten sich Dressurreiterprüfungen an Reiter, die reiterlich zwar auf dem richtigen Wege sind, denen aber vielleicht noch das richtige, sprich das qualitätsvolle Pferd fehlt. In Dressurreiterprüfungen, die es von A bis M gibt, werden Sitz, Einwirkung und Korrektheit des Vortrages stärker bewertet als in »normalen« Dressuren. Das Bewegungsvermögen des Pferdes tritt in den Hintergrund.

Sitz und Einwirkung sind allerdings auch bei den »normalen« Dressurprüfungen nicht zu unterschätzen. Abgesehen davon, dass ein gut sitzender Reiter immer einen besseren Gesamteindruck hinterlässt als ein schlecht sitzender, gibt es beim getrennten Richten die so genannten Schlussnoten. Darunter fallen neben »Reinheit der Gänge«, »Schwung« sowie »Gehorsam und Durchlässigkeit des Pferdes« eben auch »Sitz und

LPO und Aufgabenheft

Mit freundlicher Genehmigung der Deutschen Reiterlichen Vereinigung

Getrennt oder gemeinsam

Für Dressurprüfungen gibt es das System des gemeinsamen und des getrennten Richtens. Beim gemeinsamen Richten (bis Klasse M, Kategorie B) sitzen zwei Richter zusammen an einem Tisch und vergeben pro Ritt eine Gesamtwertnote zwischen 0,0 (hat es meines Wissens noch nie gegeben) und 10,0.
Beim getrennten Richten, das ab Klasse L möglich ist (muss bereits in der Ausschreibung angegeben werden), sitzen drei (später in ganz großen Dressuren auch fünf) Richter an jeweils einem Tisch. Sie vergeben – jeder für sich – pro Lektion ganze Noten zwischen 0 und 10. Diese werden anschließend addiert und ergeben mit denen der anderen Richter das Gesamtergebnis.
Dabei haben die Noten, ähnlich wie in der Schule, alle eine Bedeutung:

10 = ausgezeichnet
9 = sehr gut
8 = gut
7 = ziemlich gut
6 = befriedigend
5 = genügend
4 = mangelhaft
3 = ziemlich schlecht
2 = schlecht
1 = sehr schlecht
0 = nicht ausgeführt

Einwirkung«. Und diese Noten werden doppelt gezählt. Doppelt gezählt wird ab Klasse L auch der Schritt. Also Achtung: Beim heimischen Training diese wichtige Lektion nicht im Eifer des Gefechtes vernachlässigen.

In der Turniervorbereitung sollte das Aufgabenheft in keinem Stall-Spind fehlen. Noch besser ist es allerdings, es bereits zu Hause einmal durchzusehen und sich einzelne Lektionsabfolgen der angepeilten Aufgabenkategorie einzuprägen und sie mit seinem Pferd schon mal ganz beiläufig zu üben. Umso besser klapp-t's dann, wenn es ans Reiten der ganzen Aufgabe geht.

Dies sollte man übrigens auch machen, wenn man kein Turnier direkt »vor der Nase« hat. Einfach so zur Übung. Reiter und auch Reitlehrer wissen dann besser, wo's vielleicht noch hapert und wo Kleinigkeiten zu verbessern sind. Außerdem hat man als Reiter nicht immer den Druck des »es muss bis zum Wochenende klappen« im Nacken, sondern kann sich ganz entspannt auf die Aufgabe konzentrieren.

Die Sache mit der Grußaufstellung

Der erste Eindruck ist wichtig

Bevor man mit dem Reiten einer ganzen Dressuraufgabe beginnt, sollte man sie zunächst in einzelne Teile zerlegen. Begonnen wird dabei mit der Grußaufstellung, quasi die Visitenkarte des Reiters.

In E- und A-Abteilungs-Dressuren heißt es: »Abteilung rechts dreht, links marschiert auf, marsch.« Kurz bevor der erste Reiter an die imaginäre Verbindungslinie zwischen E und B kommt, wird kommandiert: »Anfang halt.« Bei Einzel-A-Dressuren und ab L-Dressur wird nach den Buchstaben geritten, die die Bahnpunkte markieren. In diesen Aufgaben steht dann: »Von A nach X einreiten im Arbeitstrab. Bei X im Mittelpunkt halten und grüßen.« Verlangt ist in beiden Fällen das Gleiche: das Einreiten mit der Grußaufstellung.

Korrektes Einreiten ist wichtiger als man glaubt – und schwieriger. Da wird auf Turnieren von Pferden und Reitern geschwankt was das Zeug hält. Oder aber die Pferde stehen schief, unruhig, schlagen mit dem Kopf oder schauen sich die Gegend an. Die Zahl der möglichen Fehler ist groß. Es gibt kaum etwas, das es nicht gibt. Dabei hört sich das so leicht an: einreiten und halten.

Wer gerade hereinkommt – und ab Einzel-A auch noch sicher die Mittellinie trifft – sowie sein Pferd genau über dem Punkt X zum Halten bekommt und es dabei an den Hilfen hält, der hat auf die Richter bereits mit der ersten Lektion einen guten Eindruck gemacht. Beim getrennten Richten hat man mit einem gelungenen Einreiten schon die erste gute Note weg, bei dem verpatzten Einreiten dagegen bereits Skepsis bei einem

Richter hervorgerufen – und eine entsprechend schlechte Note kassiert. Wenn auch beim gemeinsamen Richten ein missglücktes Einreiten nicht sofort mit einer schlechten Note bestraft wird, so bleibt doch der negative erste Eindruck zunächst haften, und man muss als Reiter bei den folgenden Lektionen erst einmal Überzeugungsarbeit leisten. Wer gleich richtig einreitet, kann sich der gespannten Aufmerksamkeit der Richter – Motto: Aha, der scheint's zu können – gewiss sein.

Richtig einreiten

Das Üben der so simpel scheinenden Lektion lohnt sich also und kann mit ein paar kleinen Tricks erleichtert werden:

▸ Frühzeitig daran denken, dass man auf die Mittellinie einreiten will.

▸ Etwa drei Meter vor der Mitte der kurzen Seite abwenden, als wollte man eine Volte reiten; dabei bereits den Punkt C ins Auge fassen.

▸ Kurz vor Ende des ersten Viertels der begonnenen Volte geradeaus Richtung C reiten.

▸ Ganz wichtig: ununterbrochen C anvisieren, keinen Moment irgendwo anders hinschauen bis das Pferd steht. Durch diesen kleinen Trick bleibt man selbst im Gleichgewicht und unterstützt damit auch sein Pferd. Man kann es auch ganz einfach »zu Fuß« ausprobieren: Versuchen Sie, sicher auf einem Bein zu stehen und schauen Sie sich dabei in der Gegend um. Sie werden sehen, Sie schwanken. Stellen Sie sich nun auf ein Bein und fixieren dabei einen Punkt an der Wand – schon stehen Sie sicher.

Merkt der Reiter trotz allem, dass sein Pferd beim Einreiten ein wenig ins Schwanken kommt, hilft es meist schon, etwas mehr vorwärts zu reiten.

Typische Fehler beim Einreiten

▸ **Der Reiter wendet zu früh/zu spät ab**

Tipp: immer wieder üben, notfalls mit Hilfe von zwei Pylonen, durch die beim Abwenden geritten wird

▸ **Das Einreiten ist schwankend**

Tipp: Tempo etwas erhöhen, unverwandt C anschauen

PROFI·TIPP

Isabell Werth

Die Grußaufstellung ist die erste Eintrittskarte und der Abschied aus der Prüfung. Wenn dies nicht klappt, sind das weggeschmissene Punkte. Deshalb sollte man das Einreiten auf jeden Fall üben. Dabei ist es wichtig, nicht immer an der gleichen Stelle zu halten. Wenn ich eine Aufgabe übe und die Grußaufstellung klappt nicht, wiederhole ich sie sofort.

Halten am Punkt

Wenn das Abwenden gelungen ist und Pferd und Reiter gerade die Mittellinie entlang kommen, ist das korrekte Halten bei X die nächste Herausforderung. Optimal ist es, wenn sich der Körper des Reiters beim Stehen genau über X befindet. Während man sich dem Punkt nähert, muss man versuchen, E oder B im Augenwinkel im Blick zu halten. Etwa ein bis zwei Meter – das genaue Maß hängt von der Durchlässigkeit des Pferdes ab – vor X wird die ganze Parade eingeleitet, die dann im günstigsten Falle genau bei X beendet ist. Das Pferd soll während der Parade sicher an den Hilfen bleiben, das heißt, weder mit dem Kopf nach unten abkippen, noch sich gegen die Reiterhand wehren. Außerdem muss es sofort zum Stehen kommen, die Parade darf also nicht auslaufend wie ein stotternder Motor sein. Auf der anderen Seite darf der Übergang zum Halten auch nicht abrupt geschehen, sondern soll weich und geschmeidig erfolgen.

Typische Fehler beim Halten

▸ **Parade auslaufend**

Tipp: viel ganze Paraden üben, dabei mehr an die stehende Hand herantreiben, etwas energischer einwirken

▸ **Parade gegen die Hand**

Tipp: mit der Hand feiner einwirken, früher ein wenig vorlassen

▸ **Das Pferd steht nicht geschlossen**

Tipp: während der Parade gleichmäßiger mit beiden Schenkeln einwirken, das Pferd dabei gerade halten, zur Korrektur mit einer kleinen Gertenberührung das herausgestellte Hinterbein zum Vortreten animieren

▸ **Das Pferd steht schief**

Tipp: während der Parade gleichmäßiger mit den Schenkelhilfen einwirken, zur Korrektur eine Zeit lang die Schulter des Pferdes durch leichte Stellung ein wenig nach innen nehmen

▸ **Das Pferd steht unruhig**

Tipp: Beim Üben das Pferd länger stehen lassen, dabei mit Stimme und Loben beruhigen

Im Halt muss das Pferd sicher und geschlossen auf allen vier Beinen stehen, weder mit einem Bein ruhen, noch ein Bein

Beim Grüßen soll das Pferd an den Hilfen bleiben, wie dies die drei linken Reiter demonstrieren

nach hinten herausgestellt oder zu weit unter den Körper gezogen abstellen. Dabei soll das Pferd natürlich, ebenso wie beim Einreiten, gerade stehen. Im Optimalfall sind von vorne nur zwei Pferdebeine zu sehen, da die beiden hinteren spurgenau dahinter stehen.

Grüßen

Hat man dies alles nun so wie beschrieben hinbekommen, ist die Lektion noch lange nicht zu Ende. Denn nun kommt das Grüßen. So albern es klingen mag – korrektes Grüßen will gelernt sein. Immerhin muss der Reiter dabei die Zügel in eine Hand nehmen, den Gruß absolvieren, die Zügel wohl sortiert wieder aufnehmen – und das alles, ohne dass sich das Pferd von den Hilfen frei macht. Also: Auch zu Hause beim Reiten einer Aufgabe das Grüßen nicht vergessen. Reiterinnen grüßen übrigens, indem sie eine Hand – in der Regel die rechte, in der sich ja meist auch die Gerte befindet – seitlich nach unten hängen lassen. Die Herren der Schöpfung heben dagegen zum Gruß ihre Kappe beziehungsweise ihre Melone.

Typische Fehler beim Grüßen

▸ **Das Pferd macht sich von den Hilfen frei**

Tipp: das »Zügel-in-eine-Hand-nehmen« beim Halten häufig üben, das Pferd dazu vorübergehend etwas tiefer als verlangt einstellen

▸ **Das Pferd tritt vor**

Tipp: mit der Zügelhand stärker dranbleiben

▸ **Der Reiter verheddert sich beim Zügel wieder aufnehmen**

Tipp: üben, üben, üben

▸ Anreiten vom Fleck weg

Ähnlich wie die Grußaufstellung klingt auch das Anreiten zunächst ziemlich einfach. Anreiten? Das kann ja wohl fast jeder. Stimmt. Aber in einer Dressurprüfung kommt es auf das Wie an. Verlangt ist, dass das Anreiten ebenso schnurgerade geschieht wie die Grußaufstellung. Darüber hinaus soll der erste Tritt (falls Antraben verlangt ist) ein Trabtritt sein. Die meisten Reiter machen hier den Fehler, ihr Pferd zögerlich über ein, zwei Schritt-Schritte in den Trab zu bringen, dabei möglicherweise auch noch schwankend. Um dies zu verhindern, muss sich der Reiter schon vor dem ersten Tritt gedanklich vorbereiten. Er muss, vereinfacht gesagt, nach vorne »wollen«, und zwar immer. Tiere kennen in ihrer Erziehung und in ihrem Training keine Ausnahmen. Wer beim Anreiten – egal ob auf der Mittellinie oder auf dem Hufschlag – hin und wieder schludert und sein Pferd so lässt, wie es möchte, kann nicht verlangen, dass es jemals weiß, was sein Reiter eigentlich wirklich will. Nur wer konsequent immer darauf achtet, dass sein Pferd auf Hilfe sofort antrabt oder angaloppiert, hat später in einer Turnier-Aufgabe keine Schwierigkeiten.

Wichtig beim Anreiten ist neben der Konsequenz auch der Einsatz beidseits gleichmäßiger Hilfen. Fast jedes Pferd hat eine bessere und eine schlechtere Seite, fast jeder Reiter ebenso. Bei vielen Reitern ist beispielsweise das rechte Bein ein wenig stärker als das linke, wodurch beim Anreiten oft zu viel Druck mit dem rechten Bein ausgeübt wird. Mit der Folge, dass das Pferd

Typische Fehler beim Anreiten

▸ **Schwankend**
Tipp: Stur geradeaus schauen, Tempo etwas erhöhen

▸ **Nicht vom Fleck weg**
Tipp: ein-, zweimal besonders energisch, evtl. mit Sporeneinsatz, nach vorne treiben

▸ **Gegen die Hand**
Tipp: Timing von Nachgeben und Annehmen verbessern

▸ **In der falschen Gangart (z. B. Galopp statt Trab)**
Tipp: auf gleichmäßigere Schenkel- und Gewichtshilfen achten, Pferd im Hals ganz gerade lassen

Das Arbeitstempo soll frisch nach vorn geritten werden

kurz nach links ausweicht, um dann von seinem Reiter wieder korrigiert zu werden. Das Anreiten wird dadurch schwankend.

Kontrollieren und abstellen kann man dies am besten, wenn man Ein- und Anreiten auf einen Spiegel zu übt. Wieder und wieder. Doch Vorsicht! Die Stelle des Haltens sollte man variieren, sonst wartet das Pferd nicht mehr auf die Reiterhilfen und bremst bald von sich aus bei X. Ebenso wie beim Einreiten kann man auch beim Anreiten das Geradebleiben des Pferdes durch das Anvisieren des Punktes C und durch vermehrtes Vorwärtsreiten unterstützen. Das Abwenden auf den Hufschlag geschieht auch, so wie beim Abwenden auf die Mittellinie, in Form einer Viertelvolte.

▸ Eine Frage des Tempos

In allen Dressuraufgaben werden die drei Grundgangarten Schritt, Trab und Galopp verlangt und zwar in unterschiedlichen Tempi. Während in E-Dressuren ausschließlich im Arbeitstempo geritten wird, werden in A-Dressuren auch schon verstärkte Tempi verlangt: Mitteltrab und Mittelgalopp. Erst ab L-Dressur kommt in Trab und Galopp das versammelte Tempo hinzu, später ab Klasse M dann auch noch der starke Trab und Galopp.

Arbeitstempo

E-, A- und L-Dressuren beginnen mit dem Kommando: im Arbeitstempo antraben. Abgesehen davon, dass dieses Arbeitstempo vom Fleck weg, also umgehend erreicht werden soll, muss es frisch nach vorne geritten werden. Dabei soll das Pferd aber nicht eilig werden, sondern schwung- und ausdrucksvoll in gleichmäßigem Takt und Tempo an die Reiterhand herantraben. Das Gleiche gilt für den Arbeitsgalopp, der im Verlauf der Aufgaben verlangt wird und sich durch fleißige Sprünge im sauberen Dreitakt auszeichnen soll.

Typische Fehler im Arbeitstempo

▸ **Der Arbeitstrab ist matt**

Tipp: mutiger nach vorne reiten

▸ **Das Tempo ist übereilt**

Tipp: mit halben Paraden abfangen, sich in Gedanken einen langsameren Takt vorstellen

▸ **Der Trab ist nicht taktrein**

Tipp: weniger Handeinwirkung; bei anhaltenden Problemen den Tierarzt hinzuziehen, vielleicht liegt eine beginnende Lahmheit vor

▸ **Das Pferd geht auf der Vorhand**

Tipp: vor jeder Ecke das Tempo etwas zurücknehmen, dann wieder ein wenig mehr nach vorne reiten

Verstärkungen

Tempi-Verstärkungen werden in den kleineren Prüfungen entweder als »Tritte verlängern« oder als Mitteltrab bzw. Mittelgalopp verlangt. Wichtig ist, dass – wie in allen Grundgangarten – der Takt erhalten bleibt. Das Pferd soll in der Verstärkung nicht schneller oder eiliger werden, sondern längere Tritte bzw. Sprünge über mehr Boden machen. Vor allem bei Pferden, die nicht über ganz so viel Bewegungspotenzial verfügen, sollte man das Zulegen nicht übertreiben. Besonders beim Mitteltrab gilt das Motto: Weniger ist oft mehr. Die Note für einen Mitteltrab wird immer besser ausfallen, wenn das Pferd in seinen Möglichkeiten das Optimum zeigt: Es bleibt im Takt und verlängert seine Bewegungen bei erweitertem Rahmen (der Hals muss sich mehr nach

Typische Fehler in den Verstärkungen

IM MITTELTRAB:

▸ **Das Pferd kommt ins Laufen, wird eilig**

Tipp: ruhiger reiten, jeden Tritt abfangen

▸ **Der Mitteltrab ist kaum erkennbar, an der unteren Grenze**

Tipp: mehr wagen

▸ **Taktfehler**

Tipp: oft eine Frage von »zu viel«, ruhiger reiten, Hinterhand mehr herantreiben

▸ **Das Pferd wird eng im Hals**

Tipp: Hand vorgeben, Hinterhand mehr herantreiben

▸ **Das Pferd zeigt nur Spanntritte, sein Rücken schwingt nicht**

Tipp: beim Üben nur kurze Reprisen verlangen, Zulegen-Aufnehmen abwechseln, Leichttraben

▸ **Wenig Schub aus der Hinterhand**

Tipp: viel mit Übergängen arbeiten

▸ **Spät entwickelt bzw. nicht bis zum Punkt durchgehalten**

Tipp: sich selbst kontrollieren, genauer reiten

IM MITTELGALOPP:

▸ **Das Pferd wird schief**

Tipp: innere Pferdeschulter nach innen bringen

▸ **Das Pferd stürmt davon**

Tipp: kurze Reprisen reiten, wieder einfangen, dann wieder zulegen

▸ **Das Pferd geht gegen die Hand**

Tipp: ebenfalls nur kurze Reprisen reiten, beim Einfangen Hand schneller vorgeben

▸ **Der Galoppsprung hat die Tendenz bergab, statt bergauf**

Tipp: viele Übergänge »Zulegen-Einfangen« reiten

▸ **Die Galoppsprünge werden kürzer und eiliger statt länger und größer**

Tipp: mit Übergängen Galoppsprung verbessern, viel gebogene Linien reiten, Genick oben halten bei leichter Hand

▸ **Die Rücknahme am Bahnpunkt ist nicht deutlich**

Tipp: einige Male bis zum Halten parieren, dann Mittelgalopp-Einfangen wiederholen

▸ **Die Galoppverstärkung ist kaum zu erkennen**

Tipp: mehr wagen, richtig nach vorärts wollen

Gut erkennbarer Mitteltrab, die Nase des Pferdes müsste aber mehr vorgehen

vorne dehnen). In Aufgaben, bei denen exakt nach Bahnpunkten geritten wird, muss die Verstärkung außerdem genau von Punkt zu Punkt gezeigt werden. Heißt es also: F-X-H im Mitteltrab durch die ganze Bahn wechseln, muss das Pferd, sobald es auf der Diagonalen gerade gestellt ist, anziehen und erst bei H wieder im Tempo zurückkommen.

Bei Galoppverstärkungen, die im Allgemeinen an der langen Seite geritten werden, muss der Reiter darauf achten, dass sein Pferd gerade bleibt. Vor allem beim Aufnehmen neigen viele Pferde dazu, mit der Hinterhand seitlich nach innen auszuweichen, um so der vermehrten Lastaufnahme zu entgehen. Als Reiter kann man dem entgegenwirken, indem man immer Richtung Spiegel übt, um sich und das Pferd zu kontrollieren. Sieht man, dass das Pferd schief ist oder wird, hilft es, es im Hals etwas mehr nach innen zu stellen und seine innere Schulter ein wenig zur Bahnmitte zu führen und so die Hinterhand außen zu halten. Darüber hinaus soll eine Galoppverstärkung immer sichtbar bergauf geritten werden, das Pferd darf sich nicht »eingraben«.

Versammlung

Die Versammlung, ab L-Dressur gefordert, verlangt von Pferd und Reiter bereits einen fortgeschritteneren Ausbildungsstand. In versammelten Tempi muss das Pferd mehr Last auf die Hinterhand nehmen, mehr »bergauf« gehen. Der Fehler, den viele Reiter machen, ist, Versammlung mit »langsam reiten« zu verwechseln – mit der Folge, dass ihr Ritt dann einfach nur noch matt und langweilig statt ausdrucksstark und elegant aussieht.

Auch die Versammlung im Galopp erfordert ein energisches Abfußen des Pferdes bei gesenkter Hinterhand. Ganz wichtig: Der Dreitakt des Galoppsprungs darf nicht verloren gehen. Selbst in seinen Gedanken muss der Reiter – ähnlich wie beim Walzer tanzen – den richtigen Galopprhythmus fühlen: ta, ta, tam – ta, ta, tam. Geht dieser Takt verloren, schleicht sich ein »ta, ta, ta, tam« ein, ein »Vierschlag-Galopp« also, hilft es meist, sofort ein wenig mehr nach vorne zu reiten, um dann das Pferd erneut durch halbe Paraden in die Versammlung zurückzunehmen.

In der Versammlung nimmt das Pferd mit der Hinterhand mehr Last auf

Typische Fehler in der Versammlung

IM VERSAMMELTEN TRAB:

▸ **Es wird nur langsam geritten, wenig Ausdruck**

Tipp: mehr und frischer an die Hand herantreiben, dabei Tritt für Tritt leicht abfangen

▸ **Das Pferd kippt hinter die Senkrechte**

Tipp: mehr treiben bei tiefer Hand

IM VERSAMMELTEN GALOPP:

▸ **Der klare Dreitakt geht verloren**

Tipp: Tempo etwas erhöhen, viele Übergänge, »Zulegen-Einfangen«

▸ **Der Galopp wird abgehackt und kurz, der Schwung geht verloren**

Tipp: immer wieder nach vorn korrigieren, dabei Hand vor

▸ **Der Galoppsprung geht nicht bergauf**

Tipp: viele Übergänge reiten, außerdem Zirkel verkleinern und vergrößern, »Zulegen-Einfangen«

Das Pferd dehnt sich zufrieden schreitend an die Hand heran

Schritt reiten – eine Kunst

Eine der größten Hürden ist für viele Pferde und Reiter der Schritt. Die Gangart, von der manch unerfahrener Reiter glaubt, dass dabei ja nun eigentlich wenig schief gehen kann, hat's in sich. Immerhin können sich gerade in den Schritt die meisten Fehler einschleichen, angefangen von Taktstörungen, Pass und ungleicher Schrittlänge (kurz-lang) über mangelnden Fleiß, begrenzten Raumgriff, knappen Übertritt oder nervöses Zackeln bis hin zu engem Hals oder unsteter Anlehnung. Im Schritt – von E bis L wird ausschließlich Mittelschritt verlangt – soll das Pferd im klaren Viertakt fleißig und raumgreifend vorwärts schreiten bei gleichmäßiger Anlehnung und leicht vorgedehntem Hals, wobei es mit seiner Nase vorgehen soll.

Typische Fehler beim Schritt reiten

Das Pferd ist eng im Hals

Tipp: Hand vor, Zügel länger, Nase vorlassen, mehr treiben

Das Pferd schleicht

Tipp: energischer nach vorwärts treiben

Es treten Taktstörungen auf

Tipp: Fleiß erhalten, das Pferd etwas tiefer einstellen, damit es seinen Rücken mehr aufwölbt, dabei immer wieder die Nase vorlassen

Die Schritte sind kurz-lang

Tipp: gleichmäßiger treiben, zur Sicherheit den Tierarzt kommen lassen

Das Pferd zackelt

Tipp: beim Üben längere Reprisen Schritt reiten, den Schritt immer wieder in die Arbeit einbauen, damit das Pferd lernt, sich auch zwischen einzelnen Lektionen zu entspannen

▸ Paraden und Übergänge

Weich »gebremst«

Keine Dressuraufgabe ohne Übergänge von einer Gangart in die andere oder ganze Paraden zum Halten. Und gerade hier können sich jede Menge Fehler einschleichen, können Probleme dem Richter aufschlussreiche Hinweise geben auf grundsätzliche Mängel in der Rittigkeit und Durchlässigkeit des Pferdes. Jeder Übergang und jede Parade soll weich und geschmeidig sein, das Pferd muss dabei weiter an den Hilfen stehen, darf weder eng im Hals werden noch sich gegen die Reiterhand nach oben wehren. Für den Reiter heißt das, sich auf jeden Übergang gedanklich vorzubereiten, sich also kurz die Hilfen vor Augen zu führen: mit halben Paraden das Pferd auf das Kommende aufmerksam machen, mit Kreuz und Schenkeln gegen die stehende Reiterhand weitertreiben und im richtigen Moment wieder nachgeben. Je nach Übergang variiert dieser »richtige Moment«. Will man lediglich nach einer Verstärkung das Tempo wieder zurücknehmen, muss die Hand in dem Moment wieder vorgehen, in dem das Pferd auf die Parade reagiert und sich aufnehmen lässt. Nur so können die Hinterbeine vermehrt Last aufnehmen. Bleibt der Reiter in diesem Augenblick zu lange mit der Hand dran, blockiert er das Hinterbein seines Pferdes, es setzt es zu früh auf – der Übergang wird dann über die Vorhand abgestützt. Reagiert das Pferd nicht sofort auf die Hilfen, muss der Reiter sie wiederholen – so lange, bis das gewünschte Tempo erreicht ist.

Geschmeidig parieren

Ähnliches gilt für die ganze Parade zum Halten. Während hier sämtliche Reiterhilfen – Schenkel-, Gewichts- und verhaltende Zügelhilfen – zusammenwirken, bleibt das Pferd stehen. Und genau in diesem Moment muss die Reiterhand wieder vorgehen, aber nur gerade so weit, dass das Pferd nicht nach vorne weiterläuft. Trotzdem aber so viel, dass es dic Hinterbeine unter seinen Schwerpunkt bringt und nicht eines oder beide zu früh absetzt oder, wie man es oft beobachten kann, einen Bruchteil nach der ganzen Parade nach hinten herausstellt. Dies ist dann immer ein Zeichen dafür, dass die Reiterhilfen nicht gleichmäßig waren und dass die Hand einen Moment zu lange »dran« war, also nicht schnell genug vorgab.

Wichtig ist auch das punktgenaue Halten, da es in allen Aufgaben, die nach Buchstaben geritten werden, verlangt wird. Ist das Knie des Reiters beim Halten genau über (bzw. neben) dem Punkt, steht man an der richtigen Stelle. Auch das will geübt sein und verlangt ein bisschen Gefühl und Koordination. Wer den Punkt nicht gleich trifft, kann anfangs ruhig etwas auffälliger hinschauen. Mit der Zeit reicht ein kurzer Blick aus dem Augenwinkel.

Übergänge von einer Gangart in die andere müssen ebenfalls weich und ohne Stockung gezeigt werden. Auch hier ist das »Hand-Vorgeben« im richtigen Augenblick von großer Bedeutung. Beim Übergang vom Trab oder Galopp zum Schritt beispielweise soll der Trab- bzw. Galopprhythmus ganz geschmeidig in den Schritt übergehen. Zwischen den beiden Gangarten darf es nicht zu einem »Rumpler« kommen. Um dies zu verhindern muss der Reiter, sobald das Pferd die Parade angenommen hat, die Hand vorgeben und gleichzeitig in Ruhe weiter treiben.

Typische Fehler bei den Übergängen

ÜBERGANG VOM TRAB BZW. GALOPP IN DEN SCHRITT:

▸ **Stockend, der Bewegungsfluss geht verloren**

Tipp: mehr treiben, Hand vor, den Übergang in Gedanken mitmachen (Trab, Trab, Trab, Schritt, Schritt...)

▸ **Das Pferd kommt kurz zum Halten**

Tipp: mehr treiben, Hand vor

▸ **Das Pferd wehrt sich gegen die Hand**

Tipp: feinere Hilfen mit der Hand geben, mehr von hinten herantreiben

▸ **Der Übergang ist auslaufend**

Tipp: einen Moment länger mit der Hand dranbleiben

ÜBERGANG VOM ZULEGEN ZUM EINFANGEN:

▸ **Auslaufend**

Tipp: sich selbst kontrollieren, punktgenauer reiten

▸ **Auf der Vorhand**

Tipp: mehr von hinten an die Hand herantreiben, dann mit der Hand früher vorgehen und wieder annehmen

▸ **Die unterschiedlichen Tempi sind kaum voneinander zu unterscheiden**

Tipp: sich selbst kontrollieren, genauer reiten

▸ Richtig rückwärts

Stichwort Vertrauen

Das Rückwärtsrichten ist in Dressuraufgaben für viele offenbar eine ganz besondere Herausforderung. Zumindest sieht man selten gutes Rückwärtsrichten, sogar in »großen« Dressuren scheint diese Lektion eine kleine Klippe zu sein. Kein Wunder, ist sie doch die einzige Übung, die für ein Pferd nicht unbedingt natürlich ist. Pferde sind Fluchttiere und als solche gewohnt, Gefahren nicht durch Rückwärtsgehen auszuweichen (denn sie wissen ja nicht, ob nicht auch hinter ihnen etwas lauert), sondern durch eine schnelle Wendung auf der Hinterhand mit anschließender Flucht. Rückwärts gehen Pferde ansonsten höchstens als Zeichen von Unterwerfung gegenüber einem ranghöheren Herdentier. Das Rückwärtsrichten unter dem Reiter erfordert deshalb neben Respekt auch viel Vertrauen zum Reiter. Es kann aber nur richtig klappen, wenn keine muskulären Verspannungen vorliegen und der Rücken des Pferdes stark genug ist, sich mit dem Reitergewicht leicht aufzuwölben, um die Tritte nach rückwärts zu ermöglichen.

Beim Rückwärtsrichten ...

... muss das Pferd ...

... diagonal treten

Tritt für Tritt

Ein korrektes Rückwärtsrichten von einer Pferdelänge (drei bis vier Tritte) oder einer genau vorgeschriebenen Trittzahl (ab Klasse M) soll durchlässig sein. Das Pferd darf sich weder hinter der Senkrechten verkriechen, noch sich gegen den Zügel stemmen. Es soll auf minimale Reiterhilfe Tritt für Tritt rückwärts gehen, dabei die Hufe anheben und, ganz wichtig, diagonal fußen. Durch dieses diagonale Zurücktreten ist das Rückwärtsrichten, genau wie der Trab, ein Zweitakt. Deshalb spricht man beim Rückwärtsrichten auch von Tritten und nicht, wie im Schritt, von Schritten. Schreitet ein Pferd zurück, hebt es also nicht bei jedem Tritt die diagonalen Beinpaare, liegt ein Fehler vor. »Nicht diagonal« steht dann im Protokoll.

Undurchlässigkeiten, muskuläre Verspannungen und Angst oder Nervosität können dazu führen, dass ein Pferd nicht diagonal zurück tritt. Das Rückwärtsrichten ist somit auch ein guter Gradmesser für die Losgelassenheit und Durchlässigkeit eines Pferdes. Wer im Training merkt, dass es hier noch Probleme gibt, sollte einen Schritt zurückschalten, lösende Übungen in die Arbeit einbauen und vermehrt mit Übergängen arbeiten.

Hinterhandwendung:

Gut begonnen – geht am Ende etwas …

… die Stellung verloren

ist das Pferd in Bewegungsrichtung nach innen gestellt und gebogen, der Reiter belastet seinen inneren Gesäßknochen. Stellung und Biegung werden erst aufgehoben, wenn das Pferd in der neuen Richtung steht. Als grober Fehler gilt das Zurücktreten während oder nach der Hinterhandwendung. Aus diesem Grund soll die Wendung immer die »Tendenz nach vorne« haben.

Typische Fehler bei der Hinterhandwendung

▸ **Das Pferd tritt zurück oder dreht mit stehenden Hinterbeinen**

Tipp: schon im Ansatz der Lektion mehr nach vorne reiten, Hand vor

▸ **Das Pferd weicht seitlich aus, beschreibt mit den Hinterbeinen einen zu großen Bogen**

Tipp: äußere Pferdeschulter mitnehmen, weniger biegen

▸ **Das Pferd ist während der gesamten Wendung bzw. zeitweise falsch gestellt und gebogen**

Tipp: Das innere Pferdeauge im Blick halten bis das Pferd in entgegengesetzter Richtung wieder gerade steht

▸ **Das Pferd wendet nicht um die Hinterhand, sondern dreht um die Mittelhand**

Tipp: konzentrierter beginnen, erst innengestellt einen Schritt nach vorn reiten, äußeren Zügel dran lassen, die Vorhand mit dem inneren Zügel um die Hinterhand herumführen, notfalls nach jedem gelungenen Schritt kurz halten, um sich selbst kontrollieren zu können

Schlangenlinien

Auf Stellung und Biegung kommt es an

Zur Überprüfung der korrekten Stellung und Biegung werden in Dressuraufgaben unter anderem Schlangenlinien verlangt. Es gibt einfache und doppelte Schlangenlinien, die entlang der langen Seite geritten werden, und Schlangenlinien durch die ganze Bahn, die von einem Hufschlag zum anderen und zurück führen.

Wichtig bei allen sind saubere Linienführung und gleichmäßige Einteilung, wobei das Pferd entlang der Bögen nach innen gestellt und gebogen ist. Die Biegung, die durch den ganzen Pferdekörper verläuft, nennt man Längsbiegung. Fehler- oder gar mangelhaft ist es, wenn nur der Hals nach innen abgestellt ist, der Körper des Pferdes aber gerade bleibt. Um trotzdem »um die Kurve« kommen zu können, weicht das Pferd dann mit der Hinterhand seitlich aus, die Hinterhufe spuren nicht mehr genau in die Abdrücke der Vorderhufe ein. In solchen Fällen müssen innerer und äußerer Schenkel des Reiters besser »zusammen arbeiten«. Fasst nur der äußere Schenkel vermehrt zu, drückt der Reiter sein Pferd lediglich nach innen. Macht der Reiter zu viel Druck mit dem inneren Schenkel, ohne dies mit dem äußeren abzufangen, weicht das Pferd noch weiter nach außen aus.

Hilfreich ist es, wenn man sich als Reiter vorstellt, sein Pferd um einen imaginären Laternenpfahl herumzubiegen. Der Laternenpfahl ist der innere Schenkel, der nicht nachlassen darf, wenn mit dem äußeren Schenkel zugefasst wird.

Einfach »geschlängelt«

Bei der einfachen Schlangenlinie wird zunächst tief die Ecke ausgeritten. In leichter Innenstellung geht es bis zum Wechselpunkt, wo schließlich der Hufschlag verlassen und das Pferd in die neue Richtung gestellt wird. Es wird bis zur Viertellinie (fünf Meter vom Hufschlag entfernt) in Richtung der Bahnmitte geritten und von dort aus wieder Richtung Wechselpunkt zum Hufschlag zurück, dort wieder umgestellt und in Innenstellung durch die Ecke geritten.

In der Schlangenlinie soll das Pferd geschmeidig umgestellt werden, ohne sich dabei gegen die Hand des Reiters zu wehren. Der Bogen darf außerdem keine Ecken und Kanten haben, sondern sollte rund und gleichmäßig sein.

Doppelt »geschlängelt«

Bei der doppelten Schlangenlinie gibt es zwei gleich große Bögen, die lediglich etwa 2,50 Meter vom Hufschlag wegführen. Dabei ist das Pferd immer auf den jeweiligen Schlangenbogen eingestellt und wird entsprechend mehrfach umgestellt.

Schlangenlinie durch die ganze Bahn

Die ganzen Schlangenliniebögen – es werden im Allgemeinen drei oder vier verlangt – beginnen Mitte der kurzen Seite und enden dort auch. Deshalb werden die Ecken nicht ausgeritten. Nach dem Abwenden wird das Pferd gerade in Richtung gegenüberliegendem Hufschlag geritten, dort abgewendet und innen gestellt und gebogen im Halbkreis wieder zurück Richtung Mittellinie und so weiter. Beendet ist die Schlangenlinie Mitte der nächsten kurzen Seite. Erst ab dort geht's wieder tief in die Ecken.

Typische Fehler:

- **Die Bögen sind zu flach oder zu steil**

Tipp: an den Wechselpunkten und an den Scheitelpunkten der Bögen beim Üben Pylonen-Tore aufstellen

- **Die Bögen sind ungleich groß**

Tipp: sich genauer an den Bahnpunkten orientieren, evtl. vorübergehend auch mit Pylonen arbeiten

- **Zu wenig Längsbiegung**

Tipp: intensiv an den »Laternenpfahl« denken

Volten und Kehrtvolten

Kreisrund herum

Volte kreisrund – ein derartiger Kommentar im Protokoll ist ein großes Lob. Häufiger aber ist Kritik zu lesen: Die Volten sind zu groß oder zu klein, eiförmig oder eckig, herumgezogen oder mit ausweichender Hinterhand. Eine richtig »schöne« Volte ist nämlich gar nicht so einfach zu reiten. Dabei ist das Volten-Training für die gesamte Ausbildung des Pferdes wichtig, schult man damit doch die vermehrte Lastaufnahme durch das innere Hinterbein bei gleichzeitiger äußerer Muskeldehnung des Pferdes.

Bei der Volte in der Abteilung …

… wenden alle gleichzeitig ab und kommen …

… gleichzeitig wieder an

Eine Volte muss frühzeitig – etwa zwei bis drei Meter vor dem Abwenden – eingeleitet werden. Dazu gibt man seinem Pferd bereits eine ganz leichte Innenstellung und visiert den Bahnpunkt, an dem die Volte verlangt wird, mit den Augen an. Ist der Punkt erreicht, verstärkt man die Innenstellung ein wenig und gibt gleichzeitig mit der äußeren Hand etwas vor, damit das Pferd den Hufschlag verlässt. Nun muss sich der Reiter vorstellen, dass – würde man von der Bahnmitte aus eine Senkrechte auf den »Volten-Punkt« ziehen – die eine Hälfte der Volte links, die andere rechts von dieser Senkrechten liegen muss.

Damit beide Hälften auch gleich groß werden, kann man sich Eselsbrücken bauen. Bei Trabvolten beispielsweise hilft es anfangs mitzuzählen. Je nachdem, wie groß die Volte werden soll (es gibt Zehn-Meter-, Acht-Meter- und Sechs-Meter-Volten), wird gezählt: Bei einer Sechs-Meter-Volte drei-drei-drei-drei – drei Tritte von der imaginären Senkrechten weg, drei zurück, drei wieder weg und drei zurück zum Hufschlag. Hat man die Zählerei einmal raus, klappen die Volten irgendwann auch aus dem Gefühl heraus.

Darüber hinaus kann man sich – zumindest bei Volten an den langen Seiten – auch an der Mittellinie orientieren. Beim Turnier-Viereckmaß von 20 Meter Breite geht die Zehn-Meter-Volte folglich bis zur Mittellinie, die Acht-Meter-Volte bis zwei Meter vor die Mittellinie und die Sechs-Meter-Volte etwas weiter als bis zur Viertellinie.

In der Volte soll das Pferd um den inneren Schenkel gebogen werden und im Tempo und Schwung gleichmäßig bleiben.

Typische Fehler bei der Volte

- **Nicht am Punkt (zu früh, zu spät)**

Tipp: beim Üben auf Punktgenauigkeit achten, den Bahnpunkt anvisieren, an imaginäre Zweiteilung der Volte denken

- **Nicht kreisrund**

Tipp: sich die Volte im Geiste vorstellen: rund!

- **Mit ausweichender Hinterhand**

Tipp: etwas mehr äußerer Schenkel

- **Fehlende (oder zu geringe) Längsbiegung**

Tipp: an den »Laternenpfahl« denken

- **Im Genick verworfen**

Tipp: äußere Hand etwas vorgeben, im Training Achten reiten

- **Eng im Hals**

Tipp: mehr von hinten treiben

- **Auf die Vorhand kommend**

Tipp: mehr treiben und gleichzeitig mit halben Paraden abfangen

Richtungswechsel

Kehrtvolten werden ebenso wie Volten eingeleitet, ab der Mitte reitet man dann aber nicht im Bogen zum Ausgangspunkt zurück, sondern gerade zum Hufschlag in die entgegengesetzte Richtung. Kehrtvolten werden im Trab, ab L-Dressuren dann auch als »Aus der Ecke kehrt« im Galopp verlangt. Auch hier gibt es vorgegebene Größen, die eingehalten werden müssen. Bei der Kehrtvolte aus der Ecke kann man sich ebenso wie bei den Volten an den langen Seiten recht leicht an den Maßen des Vierecks orientieren: Soll die Kehrtvolte zehn Meter groß sein, wird zur Mitte der kurzen Seite abgewendet (ähnlich wie beim Abwenden auf die Mittellinie), denn die liegt ja zehn Meter von der Ecke entfernt. Soll die Kehrtvolte nur acht Meter betragen, wendet man entsprechend zwei Meter früher ab. Und bei einer Sechs-Meter-Kehrtvolte denkt man am besten schon beim Einreiten in die Ecke bereits wieder ans Abwenden.

Dabei ist es auch bei der Kehrtvolte wichtig, den ersten Teil kreisrund anzulegen und nicht irgendwie sein Pferd in einer Spitzkehre herumwerfen zu wollen. Der konsequente Einsatz des inneren Schenkels ist hier deshalb wieder gefragt.

Typische Fehler bei der Kehrtvolte

▸ **Zu groß, zu klein**
Tipp: sich selbst kontrollieren, konzentrierter reiten

▸ **Herumgezogen**
Tipp: mehr an den »Laternenpfahl« denken, innere Hand feiner einsetzen

▸ **Traversartig zum Hufschlag zurück**
Tipp: weniger Druck mit dem äußeren Schenkel, evtl. vorübergehend ab und zu mal in die entgegengesetzte Richtung stellen

▸ Vorwärts-seitwärts

Viereck verkleinern und vergrößern

Es gibt Lektionen, die ausschließlich in A-Dressuren verlangt werden. Dazu gehört das Viereck verkleinern und vergrößern. Es handelt sich hier um eine Vorwärts-Seitwärts-Bewegung des Pferdes entlang einer (gedachten) diagonalen Linie. Dabei wird das Pferd vom Wechselpunkt aus vorwärts-seitwärts fünf Meter weit Richtung Bahnmitte geritten, auf der Viertellinie eine Pferdelänge geradeaus gestellt und vorwärts-seitwärts wieder zurück Richtung Wechselpunkt. Der Reiter muss das Pferd jeweils zu der Seite stellen, auf der sein seitwärts treibender Schenkel wirkt. Das Pferd wird dabei nicht gebogen, sondern bewegt sich beinahe parallel zur langen Seite.

Typische Fehler beim Verkleinern und Vergrößern

- **Die Pferd tritt zu viel seitwärts**

Tipp: flacher Richtung Bahnmitte reiten, mehr an vorwärts denken

- **Das Pferd geht kaum seitwärts**

Tipp: mit dem seitwärts treibenden Schenkel mehr Druck machen, notfalls die Gerte zur Unterstützung hinzunehmen

- **Das Pferd verwirft sich im Genick**

Tipp: weniger mit der Hand machen, feiner einwirken

Ausritte bieten Abwechslung im Trainingsalltag

Planvoll vogehen

Fit auf den Punkt

Wer für ein Turnier genannt hat, hat mindestens noch vier Wochen Zeit für die konkrete Vorbereitung. So lange vorher muss die Nennung nämlich abgeschickt worden sein. Natürlich kann man nicht Woche für Woche und Tag für Tag von seinem Pferd dasselbe verlangen. Abwechslung muss sein (siehe »Reiten und Umsorgen« S. 104), ebenso wie ein systematisches Training. Vor allem in der Woche vor dem Start ist es wichtig, sich genau zu überlegen, wie man sein Pferd bis zum Wochenende am besten fit hat. »Auf den Punkt vorbereiten« nennen das erfahrene Turnierreiter. Jeder hat da so sein eigenes System, je nach Ausbildungsstand, Charakter und Temperament seines Pferdes. Als Reiter muss man erfühlen und ausprobieren, welche Vorbereitung für das eigene Pferd die beste ist. Es gibt Vierbeiner, die relaxen am besten, wenn sie vor einem Start nicht zu viel gearbeitet werden. Andere brauchen bis zum letzten Tag intensives Training. Hilfreich ist es, sich – gegebenenfalls in Absprache mit seinem Ausbilder – einen Wochenplan zu erstellen, an dem man sich orientieren kann.

Wochenplan zur Turniervorbereitung

MONTAG:
In vielen Reitställen Ruhetag, meist aber nicht mehr so streng gehandhabt wie früher. Gönnen Sie ihrem Pferd entspannte Bewegung wie Weidegang (sollte auch ein Turnierpferd möglichst täglich genießen), Schritt am langen Zügel im Gelände, Longieren, Laufenlassen o.Ä.

DIENSTAG:
Weidegang. Arbeit unter dem Reiter auf Trense, am Ende der Stunde die verlangte Aufgabe reiten. (Merken Sie sich, an welchen Stellen es noch hakt!)

MITTWOCH:
Weidegang. Unterrichtsstunde beim Ausbilder. Nach dem Lösen zunächst die »Problem-Lektionen« unter Anleitung verbessern. Dann nochmal die Aufgabe reiten. Wenn sie gut geklappt hat, aufhören und für Entspannung beim Pferd sorgen (die Stunde durch »in die Tiefe reiten« ausklingen lassen, wenn möglich eine Runde am langen Zügel im Schritt ins Gelände gehen).

DONNERSTAG:
Weidegang. Das Turnier rückt näher. Je nach Pferdetyp könnte heute Longieren auf dem Plan stehen (falls das Pferd dazu neigt, die Aufgaben zu schnell »auswendig« zu kennen) oder aber das erneute Üben einzelner Lektionsfolgen aus der Aufgabe. (Wichtig beim Einreiten üben: Auch mal erst nach X halten, damit das Pferd nicht schon von sich aus bremst.) Wenn am Wochenende eine L-Dressur auf Kandare ansteht, sollte spätestens jetzt die Aufgabe ein- bis zweimal auf Kandare geritten werden.

FREITAG:
Weidegang. Der letzte Vorbereitungstag, falls das Turnier am Samstag beginnt. Heute heißt es noch einmal: Viele Übergänge reiten, intensiv an der Durchlässigkeit des Pferdes arbeiten, wenn möglich noch einmal unter Anleitung. Die Aufgabe nur dann noch einmal reiten, falls man selbst noch unsicher ist. Ansonsten ist es besser, nur einzelne Lektionen daraus zu üben, sich nochmal die Feinheiten in Erinnerung zu rufen: spontanes Anreiten, punktgenaues Halten etc. Nicht an einzelnen Problemlektionen übermäßig festbeißen. Was Pferd und Reiter heute nicht können, lernen sie auch bis morgen nicht. Lieber nach dem Reiten wieder für Entspannung sorgen.

So machen's die Stars
Fit auf den Punkt:

Rudolf Zeilinger, Dressur-Ausbilder, Mitglied im A-Kader:
Die letzten Tage vor einem Turnierstart reite ich mehr Lektionsausschnitte aus der verlangten Aufgabe, während ich im sonstigen Training mehr Wert auf die Verbesserung der Grunddurchlässigkeit lege. Bei einigen meiner Schüler beobachte ich, dass sie vor einem Turnier phlegmatisch werden, andere dagegen viel zu viel machen. So kann man ein Pferd nicht optimal vorbereiten. Der zeitliche Aufwand vor einem Turnier wird größer, ist aber von Pferd zu Pferd unterschiedlich. Mit unerfahrenen Pferden reite ich vor dem Turnier auch häufiger die Aufgabe, mit erfahrenen nur noch Ausschnitte daraus. Wichtig ist auf jeden Fall, nicht zu verbissen zu üben.

Nadine Capellmann, Mannschafts-Olympiasiegerin, Mannschafts-Europameisterin:
Ich schaue mir vor dem Turnier die Aufgaben noch einmal genau an, übe dann im Training aber nur noch Ausschnitte daraus. Natürlich verlange ich dabei vom Pferd nicht jeden Tag alles, sondern setze den Schwerpunkt mal auf die Galopp-, mal auf die Trabarbeit. Eine ganze Aufgabe reite ich selten in der Woche vor dem Turnier. Die Intensität der täglichen Arbeit halte ich auch in der Turniervorbereitung etwa gleich. Meine Pferde reite ich etwa 45 Minuten lang, außerdem werden sie nachmittags jedes eine halbe Stunde zusätzlich im Schritt bewegt.

Heike Kemmer, Mannschafts-Europameisterin:
Die gezielte Vorbereitungszeit beträgt bei mir mindestens 14 Tage. Ich reite zunächst die geforderte Aufgabe, um zu wissen, wo es noch hakt. Damit beschäftige ich mich dann in den nächsten Tagen im Detail und überlege mir entsprechende Übungen, um das Pferd zu lösen. Bis spätestens Anfang der zweiten Woche setze ich die Lektionen wieder zusammen und reite erneut die Aufgabe. In der Woche vor dem Turnier reite ich dann nur einzelne Reprisen über alle Tage verteilt und lege das Hauptaugenmerk auf die Durchlässigkeitsarbeit. Um mein Pferd nicht zu überfordern, geht es vor dem Turnier auch einen Tag mal nur an der Longe.

Ulla Salzgeber, Europameisterin, Mannschafts-Olympiasiegerin, Weltcup-Gewinnerin:
In der Woche vor einem Turnier arbeite ich meine Pferde eigentlich ganz normal. Ich reite aber keine Aufgabe mehr, sondern übe nur noch auszugsweise – vor allem mit erfahrenen Pferden – die schwierigen Stellen daraus. Am Tag des Transports werden die Pferde dann im Allgemeinen nur leicht gearbeitet und auf dem Turnierplatz zunächst herumgeführt, damit sie sich die Beine vertreten, an die Atmosphäre gewöhnen und Stress abbauen können.

PROFI·TIPP

Isabell Werth

Wenn ich die Zeiteinteilung bekomme, ärgere ich mich meist, dass ich so früh aufstehen muss. Dann bereite ich mich aber gezielt vor, das heißt, ich widme mich im Training der Feinarbeit, verbessere die Durchlässigkeit und teste einzelne Lektionen nur noch an.

Die Zeiteinteilung kommt

Etwa eine Woche vor einem Turnier bekommt man im Allgemeinen die Zeiteinteilung zugeschickt, die Auskunft gibt über die Startzeiten und Nennungsergebnisse der einzelnen Prüfungen, über die Richterbesetzung und die Öffnungszeiten sowie die Telefonnummer der Meldestelle. Außerdem steht dort meist auch schon, welche Kopfnummer das genannte Pferd hat und für welche Prüfung(en) es gemeldet wurde. Wenn man Glück hat, gibt es auf der Zeiteinteilung auch eine Wegbeschreibung. Achtung: Wenn die Zeiteinteilung nicht bis spätestens etwa vier, fünf Tage vor dem Turnier angekommen ist, rufen Sie beim Veranstalter an (die Telefonnummer steht im Allgemeinen in der Ausschreibung). Vielleicht ist sie ja auf dem Postwege hängen geblieben.

Sobald man den Zeitplan in Händen hält, kann man sich bereits einen groben Plan fürs Wochenende erstellen. Beginnt die erste genannte Prüfung beispielsweise schon morgens um 8 Uhr, wird man seine Vorbereitungen wie Einpacken und Einflechten wohl für den Vorabend des Turniers einplanen. Ist der erste Start später, kann man diese Dinge eventuell auch noch am Turniermorgen erledigen.

Am Tag vor dem Turnier sollte man an der Meldestelle »abhaken« lassen. Dazu ruft man während der Öffnungszeit die entsprechende Telefonnummer (auf der Zeiteinteilung vermerkt) an und bestätigt seinen Startwunsch. Wer dies telefonisch verpasst hat meist auch bis zu einer Stunde vor Prüfungsbeginn die Möglichkeit, seine Startbereitschaft zu erklären. Lediglich bei festgelegten Startzeiten (meist erst ab Kategorie A) muss man oft schon am Vortag abhaken lassen. Achtung: Wer nicht »abgehakt« ist, darf nicht starten!

Die Zeiteinteilung gibt auch erste Auskunft darüber, wann man in etwa in seiner Prüfung dran sein wird. Ein Beispiel: In einer L-Dressur sind 35 Pferde genannt; die Prüfung hat Startfolge D, das heißt, sie beginnt mit Reiternamen, die mit D anfangen. Der eigene Name beginnt mit A. Die Schlussfolgerung: In dieser Prüfung startet man ziemlich weit hinten. Geht man nun davon aus, dass eine L-Dressur mit Ein- und Ausreiten rund sechs Minuten in Anspruch nimmt, wäre man vermutlich etwa drei Stunden nach Prüfungsbeginn dran. Doch Vorsicht: Dies kann immer nur ein vager Anhaltspunkt sein. Denn erstens kann laut LPO

eine Prüfung (außer der ersten des Tages) bei Bedarf um eine halbe Stunde vorverlegt werden. Zweitens könnte es sein, dass von den genannten 35 Pferden viel weniger an den Start gehen. Und drittens ist es möglich, dass einige Reiter mehrere Pferde reiten und ihre Starts deshalb von der Meldestelle zeitlich auseinander gezogen werden. Plötzlich ist man dann nicht mehr 32. Starter, sondern zwölfter – und somit zwei Stunden früher dran.

Aus diesem Grund sollte man, wenn eben möglich, bereits eine Stunde vor Prüfungsbeginn auf dem Turnierplatz sein. Nur so kann man vermeiden, dass plötzlich keine Zeit mehr zum Abreiten da ist. Oder man fragt nach Schließung der Starterliste bei der Meldestelle noch einmal nach, an wievielter Stelle man nun auf der Starterliste steht. Allerdings kann es auch dann noch zu Verschiebungen kommen, da ein Nichtstart – auch nach Abhaken – nicht geahndet wird und jeder auch noch kurzfristig beschließen kann, nicht einzureiten.

Auf jeden Fall sollte man deshalb pünktlich genug – mindest anderthalb Stunden vor dem eigenen in etwa errechneten Start – auf dem Turnierplatz ankommen. Um das zu schaffen, muss man auch seine Abfahrt und seine Vorbereitungen genau planen: Wie lange brauche ich zum Packen, zum Einflechten, zum Verladen, für die Fahrt? Lieber ein bisschen großzügiger rechnen, statt später in Hektik zu geraten. Das schadet nur dem Ritt.

Richtig füttern

Wer Leistung bringen soll, muss richtig essen – im Falle der Pferde besser: richtig fressen. Kraftfutter, Raufutter, Saftfutter, Mineralstoffe und ausreichend Wasser sollten in der Pferdeernährung selbstverständlich sein. Jeder Reiter sollte wissen, wie viel sein Pferd täglich im Futtertrog haben müsste. Dabei kann man sich in etwa nach der Faustformel richten: (bei mittlerer Arbeit, 500 Kilo-Pferd) 3 – 4 kg Kraftfutter, rund 1 kg Raufutter pro 100 kg Körpergewicht, 1 kg Saftfutter (z.B. Möhren) sowie 75 g Mineralstoffe, Wasser nach Bedarf. Nach Training oder Turnierstarts, bei denen das Pferd stark ins Schwitzen gekommen ist, sollte man zur Unterstützung des Muskelstoffwechsels auch Elektrolyte, die mit dem Schweiß aus dem Körper geschwemmt wurden, zufüttern bzw. dem Trinkwasser beimischen.

Für Pferde, die dressurmäßig im A/L-Bereich gearbeitet werden, reicht dies im Allgemeinen aus. Eine alte Futtermeister-Weisheit sagt allerdings auch, man solle »mit den Augen füttern«. Wird das Pferd zu dick oder zu dünn, muss die Futterration angepasst werden. Wer unsicher ist, ob sein Pferd entsprechend seiner Arbeitsleistung optimal versorgt wird, kann sich eine Fütterungsberechnung erstellen lassen.

Auch am Turniertag selbst will richtig gefüttert sein. Ebenso wie man als Mensch nicht gerne mit vollem Magen körperliche Leistung vollbringt, sollte man auch sein Pferd nicht zu kurz vor dem Start füttern. Wer schon sehr früh zum Turnier abfahren muss, sollte dafür sorgen, dass sein Pferd frühzeitig das Futter in seinen Trog bekommt, damit es in Ruhe fressen kann. Ob man seinem Pferd ein volles Heunetz in den Hänger hängt, muss von Fall zu Fall entschieden werden. Pferden zum Beispiel, die zu Stauballergien neigen, tut es nicht gut, stundenlang mit der Nase im Heu zu hängen. Andere Pferde entspannt dagegen das geruhsame Heu-Kauen während der Fahrt.

Gutes Heu ist in der täglichen Fütterung ein Muss

Über die Fütterung kann man auch bis zu einem gewissen Grad Einfluss auf das Temperament des Pferdes nehmen. »Heiße Öfen« beispielsweise werden unter Umständen ein wenig ruhiger, wenn man ihrem Futter Magnesium oder spezielle Kräuter zugibt. Phlegmatischen Vierbeinern dagegen helfen manchmal Power-Riegel oder Energie-Booster auf die Sprünge. Der Futtermittelmarkt hat da allerhand im Angebot. Ob's was bringt, muss jeder für sich selbst bzw. für sein Pferd ausprobieren. Doch Vorsicht: Doping ist im Reitsport ebenso verboten wie in allen übrigen Sportarten. Bevor man seinem Pferd irgendein gut gemeintes »Wunder-Pülverchen« zufüttert, sollte man seinen Tierarzt fragen, ob das Mittel irgendwelche verbotenen Substanzen enthält.

▸ Der Tag vor dem Start

Die Uhr tickt. Nur noch Stunden bis zur Abfahrt. Jetzt gibt es noch jede Menge zu tun: Das Lederzeug muss gereinigt, die Stiefel auf Hochglanz poliert und die Klamotten für Pferd und Reiter gepackt werden. Außerdem muss das Pferd gründlich geputzt und schließlich noch eingeflochten werden. Doch keine Panik. Die Zeit reicht allemal – wenn man systematisch vorgeht.
Wer noch am Tag der Abfahrt Zeit zum Putzen und Einflechten hat, sollte am Abend zuvor aber bereits alles andere erledigt haben.

Das Lederzeug sollte regelmäßig gereinigt werden

Vorbereitung im Stall

SATTELPFLEGE Es macht aus einem 5,0-Ritt zwar keinen 7,0-Ritt, verbessert aber auf jeden Fall den Gesamteindruck: gepflegtes Lederzeug. Trense/Kandare und Sattel sollten deshalb vor dem Turnier gründlich mit Sattelseife gesäubert und anschließend gefettet werden. Schweißreste des letzten Trainings haben auf den Trensenstrippen nichts zu suchen. Beim Fetten des Sattels ist allerdings Zurückhaltung angesagt, damit am nächsten Tag die weiße Reithose nicht leiden muss.

Nicht vergessen: Das Trensengebiss bzw. die Kandarengebisse nochmal besonders säubern und auf Hochglanz bringen. Eine Nagelbürste oder eine alte Zahnbürste dringt hierbei auch in die entlegensten Ecken.

STARTNUMMERN Meist steht sie schon auf der Zeiteinteilung drauf, wenn nicht, kann man sie telefonisch beim Abhaken lassen erfragen: die Startnummer. Die Startnummer-Systeme sind unterschiedlich, im Allgemeinen gibt es Stecknummern, die mit Gummibändern an der Trense oder der Kandare befestigt werden. Das kann man schon am Vorabend des Turniers erledigen.

Bei den Startnummern sollte man darauf achten, dass die Nummern so angebracht sind, dass sie das Pferd nicht an den Augen stören. Am besten befestigt man sie am Genickstück gleich oberhalb des Stirnriemens und am Kehlriemen. Die Alterative ist, die Nummern an der Schabracke anzubringen. Dafür gibt es Decken mit speziellen Vorrichtungen.

Denken Sie rechtzeitig daran, Ihre Stiefel zu putzen

SPOREN Saubere Stiefel und matte Sporen voller Schmand – kein schöner Anblick. Also vor dem Einpacken auch die Sporen säubern. Erst mit Wasser abschrubben, dann mit Trensengebiss-Politur (gibt's von einigen Herstellern) oder Edelstahl-Politur einschmieren und anschließend mit einem weichen Lappen nachpolieren.

Vorbereitung zu Hause

STIEFEL PUTZEN Glänzende Stiefel gehören zum Dressurreiten einfach dazu. Je nach Lederart bekommt man durch regelmäßiges Putzen mehr oder weniger Glanz auf seinen Stiefel. Der genialste Trick nach der Grobreinigung: Schuhcreme (am besten eignet sich Kiwi-Creme) mit einem Feuerzeug anzünden, bis die oberste Schicht flüssig wird. Die Flamme mit dem Deckel ersticken, einen Lappen eintauchen und die Stiefel mit der flüssigen Creme dünn einschmieren. Anschließend mit einer weichen Bürste blank bürsten und danach noch mit einem alten Damen-Nylonstrumpf nachpolieren.

Tipp zur Stiefelpflege

Stiefel nicht zu häufig mit Wasser abspritzen und auch nicht mit Sattelfett oder -öl einschmieren. Das macht das Stiefelleder auf Dauer stumpf, es quillt auf und wird brüchig. Bei starker Verschmutzung mit einem feuchten Lappen reinigen, trocknen lassen und anschließend mit Schuhcreme einreiben.

KLAMOTTEN PACKEN Am besten legt man seine Turniersachen schon am Vorabend raus und packt alles, was man nicht gleich am nächsten Morgen anzieht, direkt ins Auto. So spart man Zeit und Nerven.

Bereitlegen sollte man für den Turniermorgen: die weiße Reithose, eine weiße Bluse, einen Gürtel, Socken, eventuell die Reitstiefel.

Am Abend zuvor lässt sich Folgendes schon einpacken: die Zeiteinteilung, weiße Handschuhe, Plastron (am besten schon mit der Nadel zusammenstecken), Reitkappe bzw. Zylinder (für Damen) oder Melone (für Herren), Turnierjacket, Aufgabenheft, zwei weiße Satteldecken, für Übervorsichtige eine weiße Ersatzreithose, ein Beutel mit vier weißen Bandagen (für die eventuelle Siegerehrung), Stiefelputzzeug (Lappen, Bürste, Schuhceme, Glanz-Schwämmchen).

Pflege-Tricks

- Lederzeug bringt man toll zum Glänzen, wenn man es mit Haarlack einsprüht
- Mit Babyöl-Tüchern die Haut um Nüstern und Pferdeaugen eincremen (macht einen edlen Eindruck)
- Wer's lockig mag: Schweif waschen, antrocknen lassen, dann in einen Zopf runterflechten. Nach dem Öffnen mit Glanzspray einsprühen und verlesen bzw. vorsichtig kämmen.

▸ Einflechten – schön und schnell

Bei Springprüfungen nicht nötig, in Dressurprüfungen gang und gäbe: die eingeflochtene Mähne. Dabei sind die kleinen Zöpfchen nicht nur eine Frage der Optik, sondern dienen vor allem auch zur besseren Beurteilung der Halslinie durch den Richter. Eine wippende und wehende Mähne würde hier stören und könnte auch kleine Fehler kaschieren, wie einen »falschen Knick«. Dies ist eine unerwünschte Fehlhaltung des Pferdehalses, bei der nicht, wie verlangt, das Genick der höchste Punkt ist, sondern der dritte oder vierte Halswirbel.

Zöpfe flechten geht ganz leicht. Aussagen wie »Wenn ich flechte, werden die Zöpfe nicht schön genug« sind bloß Ausreden.

Die Utensilien fürs Einflechten

Zum Einflechten braucht man:

- Einen Hocker oder Strohballen,
- einen kleinen Mähnenkamm,
- einen feuchten Schwamm,
- Einflechtgummis (weiß oder schwarz, gibt's im Reitsportladen),
- schmales weißes Tesa-Band zum Umwickeln (Geschmacksache, es flechten immer mehr Reiter nur noch mit Gummis ein),
- eine Schere.

Das Einflechten gehört zum Turnierreiten dazu, bedienen lassen gilt nicht! Vor allem nicht für Turniereinsteiger. Wer Übung im Einflechten hat – und die bekommt man nur durch ständiges Selbermachen –, ist meist in zehn bis 20 Minuten fertig.

Vor dem Einflechten die Mähne des Pferdes kurz durchkämmen (besser vorher nicht mit Shampoo

Beim Flechten fängt man am Genick an und arbeitet Richtung Widerrist

waschen – je sauberer und weicher die Mähne, desto schlechter halten die Zöpfe).

Auf den Hocker (ein Strohballen reicht auch) steigen, die Mähne etwas anfeuchten und dann von den Ohren in Richtung Widerrist arbeiten.

Ein Büschel Haare greifen (ganz Ordentliche teilen die Mähne genau ab, indem sie die ganze oder halbe Breite des Mähnenkamms als Richtschnur nehmen), es in drei etwa gleich dicke kleinere Strähnen unterteilen und runterflechten.

Flechten üben

Wer gar nicht flechten kann, kann zunächst auch »kalt«, also ohne Pferd üben. Einfach drei Strohkordeln irgendwo verknoten, zum Beispiel am Boxengitter, und flechten. Der Vorteil: das Boxengitter bewegt sich nicht – und es ist sehr geduldig.

Den Zopf am Ende mit einem Gummi umwickeln, dabei das herausstehende Haarbüschel einmal umschlagen, so dass der Zopf unten abgerundet ist. Anschließend den zweiten Zopf in Angriff nehmen, den dritten und so weiter. Wieviele Zöpfe am Ende bei der Flechterei herauskommen, hängt von der Länge des Pferdehalses und natürlich von der Dicke der Mähne ab. Zwischen zehn und 20 Zöpfe sollten es schon sein, bei Pferden mit extrem dichter Mähne (und Liebhabern ganz feiner Zöpfe) werden es auch schon mal mehr.

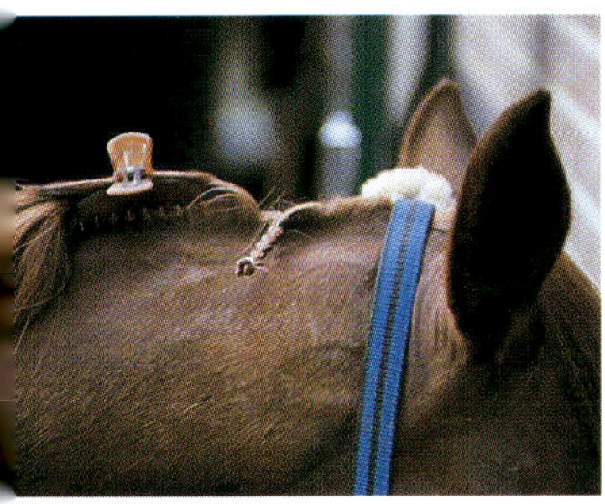

Die Haare werden abgeteilt, geflochten und fixiert

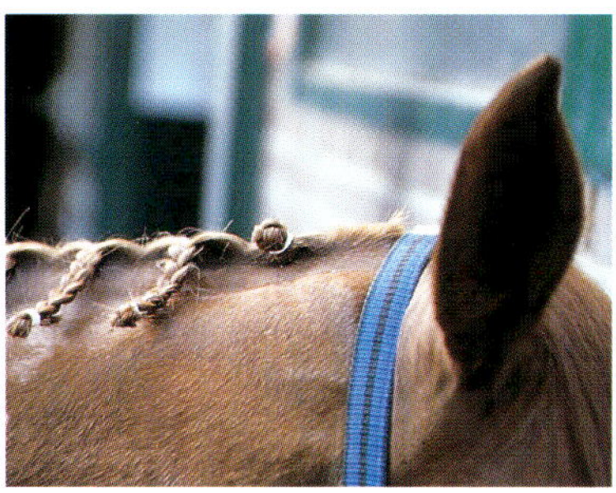

Am Ende werden alle Zöpfe eingeschlagen und mit einem Gummi befestigt

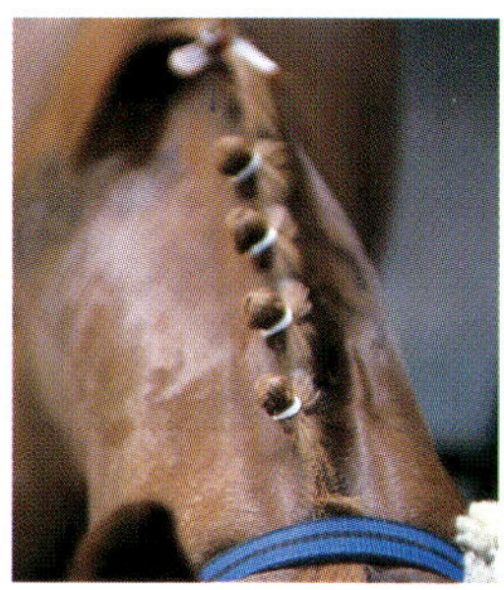

So gleichmäßig sollen die Zöpfe aussehen

Für den Ährenzopf wird Strähne...

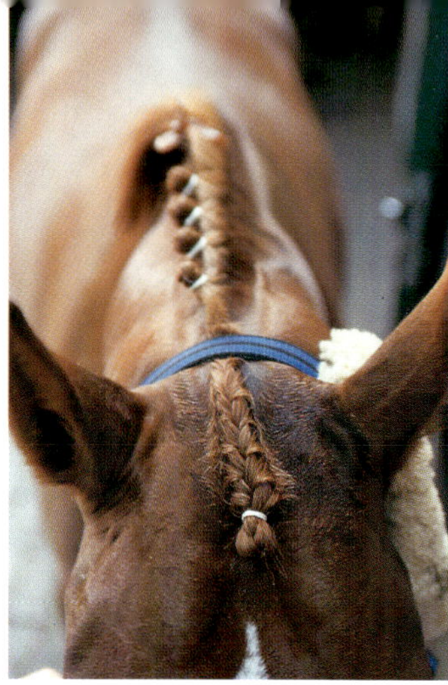

... für Strähne dazugeflochten

Wenn alle Zöpfe geflochten sind, fängt man von oben an, sie einzuschlagen. Je nach Länge der Mähne genügt ein einmaliges Hochschlagen, oft dreht man aber besser zweimal ein. Der so entstehende kleine Zopf wird oben am Mähnenkamm wieder mit einem Gummiband umwickelt, bis er fest sitzt. Durch etwas engeres oder weiteres Eindrehen lässt sich die Länge der Zöpfe ganz gut aneinander angleichen. Der Verlauf der »Abschluss-Gummis« sollte ganz genau nebeneinander liegen, das verstärkt die Optik gleichmäßiger Zöpfe. Da anfangs die überstehenden Haarbüschel mit eingeschlagen wurden, ragen nun keine unerwünschten Haare aus den Zöpfen hervor.

Sind alle Zöpfe am Mähnenkamm fertig, wird noch der Stirnschopf eingeflochten. Hier gibt es zwei Möglichkeiten. Die schnellere: einen normalen Zopf flechten, so wie am Mähnenkamm auch, anschließend hochdrehen und so befestigen, dass er in der Mitte sitzt. Die schönere: einen Ährenzopf flechten. Dazu teilt man den Schopf nicht ganz in drei Strähnen, sondern nimmt zunächst ganz oben nur drei dünne Strähnen aus dem Schopf heraus. Nach jedem Flechten nimmt man außen wieder ein paar Haare hinzu und flechtet so immer weiter nach unten. Ist etwas komplizierter, sieht aber hübscher und ordentlicher aus.

Zum guten Schluss kann man überstehende Härchen an Schopf und Mähnenkamm mit der Schere abschneiden. Aber Vorsicht: Es sollten wirklich nur ein paar Härchen sein, keine dichten Haare oder gar Büschel. Die wachsen dann nämlich unschön und sichtbar nach, so dass das Pferd zwischen den Turnieren immer mehr wie ein gerupfter Igel aussieht.

Tipp zum schnelleren Einflechten

Schneller geht's, wenn man die Gummis griffbereit hat. Am besten die Gummi-Tüte so in den Hosenbund stecken, dass im oberen Teil der Tüte einige Gummis liegen. Ein Griff, schon hat man das Gummiband. Manche Reiter stecken sich auch ein paar Gummis auf den Zeigefinger und ziehen sie von dort nach Bedarf ab.

Ob man die Zöpfe noch mit schmalem weißem Tesa umwickelt ist, wie gesagt, Geschmacksache. Wenn einem das besser gefällt, sollte man aber darauf achten, dass das Tesa der einzelnen Zöpfe optisch eine ganz gleichmäßige Linie ergibt.

Wer die Zöpfe aus Zeitgründen bereits am Vorabend des Turnierstarts einflechten will, sollte daran denken, dass manche Pferde über Nacht daran kratzen und sich schubbeln und so die Zopfpracht zerstören. Um zu verhindern, dass man mühsam die Hälfte der Mähne wieder neu einflechten muss, hilft es oft schon, nur Arbeitsschritt 1 zu machen, also die Zöpfe nur runterzuflechten, und Arbeitsschritt 2, das Hochdrehen, erst am Morgen vor der Abfahrt zu erledigen.

Eine Alternative zum herkömmlichen Einflechten mit Gummibändern ist das Einnähen der Zöpfe mit Nadel und Faden. Im Prinzip sind die Arbeitsschritte die gleichen. Allerdings wird Zwirn statt Gummi verwendet. Mit einer dicken Stopfnadel werden die zur Kugel hochgedrehten Zöpfe schließlich oben im Haaransatz des Mähnenkamms vernäht. Der optische Unterschied: Die Zöpfe sehen eher aus wie kleine Knubbel, je nach Farbe der Mähne und Farbe des Zwirnfadens sieht man keine Befestigung.

Tipp für glatte Zöpfe

Statt Wasser zum Befeuchten der Mähne kann man auch Haargel aus der Tube verwenden. Der Vorteil: Es verklebt die Haare vorübergehend und hält den einzelnen Zopf länger »glatt«.

106

Geduld und Selbstbewusstsein

Die Zeit der Vorbereitung ist vorbei, nun geht's zum Turnier. Während die einen im Vorfeld völlig relaxed sind und sich nicht weiter aufregen, können andere kaum schlafen, trinken Beruhigungstees und flitzen alle paar Minuten aufs stille Örtchen.

Dabei gibt es eigentlich gar keinen Grund zur Aufregung. Wer ausreichend trainiert hat und sich auf dem Turnier Mühe gibt, wird seinen Start schon nicht in den Sand setzen. Und falls dies doch mal passiert, reißt einem niemand den Kopf ab – weder die Richter, noch der Reitlehrer.

Außerdem gibt es ein paar Tricks, die auch am Turniertag helfen, Nervosität und Stress zu vermeiden. Das Wichtigste ist auf jeden Fall die richtige Einstellung. Wer schon in dem Gefühl dem Turnier entgegensieht, sowieso zu versagen, braucht eigentlich gar nicht erst loszufahren. Selbstbewusstsein ist gefragt – und Geduld. Mit sich, seiner Leistung und seinem Pferd. Wer Dressur reitet muss lernen, nicht in Tagen oder Wochen zu denken, sondern in Jahren. Nur wenn ihm das wirklich gelingt, wird er nicht enttäuscht.

Nerven bewahren am Tag X

▸ Stressfrei verladen

In der Ruhe liegt die Kraft

Selten finden Turniere im Reitverein gleich um die Ecke statt. Deshalb läuft ohne Verladen und Hänger fahren im Turniersport eigentlich gar nichts. Wer noch nie einen Pferdehänger gefahren hat, sollte zuvor ohne Pferd üben. An sich ist das Fahren mit Pferdehänger nicht viel anders als normales Auto fahren. Allerdings erfordert es mehr Gefühl. Bremsen (der Bremsweg ist länger) und Kurven fahren muss ganz vorsichtig geschehen, damit das Pferd hinten auf seinem recht wackeligen Untergrund nicht die Füße verliert und einen Schock fürs Leben bekommt. Viele Verlade-»Problempferde« sind durch hektische und plötzliche Fahrmanöver ihrer Reiter erst dazu gemacht worden. Wieviel Gefühl man als Fahrer braucht, kann man im Zweifel testen, indem man hinten in den Hänger einen Eimer Wasser stellt. Kippt er in Kurven oder beim Bremsen um, hapert's wohl noch mit dem Feeling. Das Gleiche gilt, wenn der Eimer am Ende der Fahrt fast leer ist.

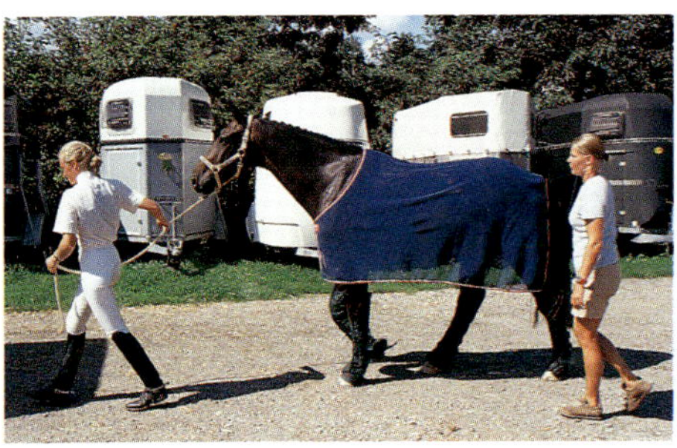

Ruhig und entspannt ...

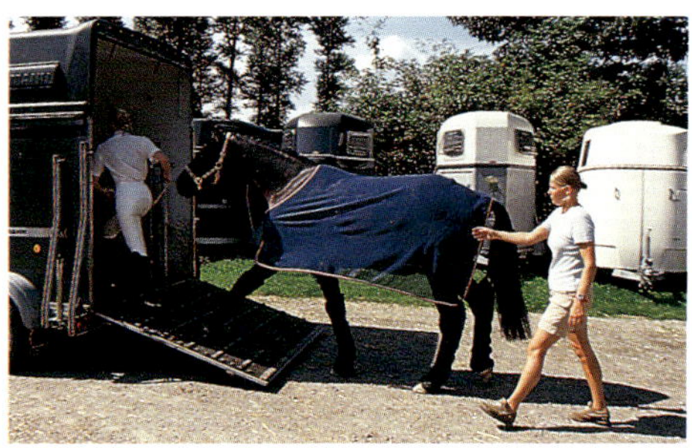

... geht's auf den Hänger

Wesentlich schwieriger als die Hängerfahrerei an sich ist jedoch das Rückwärtsfahren mit Hänger. Es gibt Reiter, die jahrelang Turniere besuchen – immer in der Hoffnung, dass sie auf dem Hängerplatz vorwärts aus ihrer Parklücke herauskommen. Das Problem beim Rückwärtsfahren: Man muss das Lenkrad in die entgegengesetzte Richtung einschlagen, in die man fahren möchte, um so den Hänger in die richtige Spur zu bringen. Mit ein bisschen Übung klappt aber auch das recht schnell.

Bevor man am Tag X sein Pferd nun über die Rampe führt, muss schon alles im Auto und in der Hänger-Sattelkammer verstaut sein. Damit wird verhindert, dass das Pferd nach dem Aufladen durch endloses Warten nervös wird. Also: erst einpacken, dann einladen! Außerdem sollte der Fahrer zur Sicherheit immer noch einmal überprüfen, ob der Hänger sicher und fest auf der Kupplung eingerastet ist.

Erst die hintere Stange schließen, dann anbinden

Für die Fahrt sollte das Pferd auf jeden Fall »gut eingepackt« sein, das heißt, seine Beine sollten mit Transportgamaschen oder langen Bandagen mit tief reichenden Unterlagen geschützt werden. Ohne diese Abpolsterung könnte es sich sonst beim Verladen oder während der Fahrt verletzen.

Zum Verladen braucht man im Allgemeinen nur einen Helfer, der die hintere Stange schließt, sobald das Pferd auf dem Hänger steht. Je mehr Leute nämlich um Pferd und Pferdehänger herumspringen, desto mehr Hektik kommt auf. Und Ruhe ist – neben Konsequenz – das A und O des stressfreien Verladens.

Wichtig ist auch, nicht auf die letzte Minute abfahren zu wollen. Pferde spüren die Anspannung und reagieren nicht selten ebenfalls mit Nervosität. Wer dann auf die Schnelle versucht, sein nun vielleicht ebenfalls aufgeregtes Pferd auf den Hänger zu scheuchen, hat spätestens jetzt ein echtes Problem.

Schließen der Sicherheitsstange

Vor dem Anbinden immer erst die hintere Sicherheitsstange schließen, vor dem Öffnen der Stange immer erst den Strick lösen. Damit verhindert man, dass das Pferd plötzlich zurücklaufen kann, sich am Strick aufhängt und in Panik gerät. Passiert dies einmal, kann es zu schwerwiegenden Problemen bei künftigem Verladen führen.

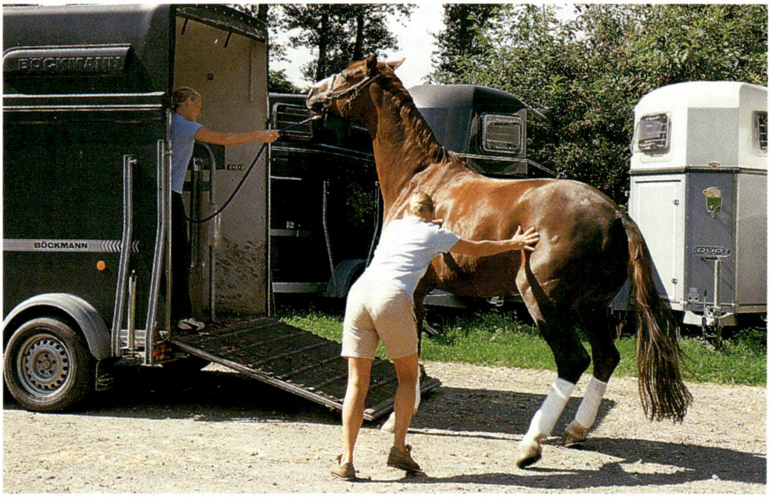

Will ein Pferd nicht in den Hänger, sollte man ihm Zeit lassen ...

... eventuell zwei Longen zu Hilfe nehmen ...

Wenn 600 Kilogramm – soviel wiegt ein ausgewachsenes Pferd – nicht auf den Pferdehänger wollen, dann wird's schwierig.

Richtiges Zeitmanagement wird von vielen Reitern oft unterschätzt. Gerade in der für Turnierneulinge anfangs etwas nervösgespannten Atmosphäre des Aufbruchs macht man einige Wege vielleicht zweimal, bevor schließlich nichts vergessen wurde.

Für Einpacken und Einladen sollte man deshalb eine halbe Stunde bis 45 Minuten einrechnen. Lieber ein wenig großzügiger kalkulieren als zu knapp. Nur wer sein Pferd in- und auswendig kennt und weiß, dass es in jeder Lebenslage wie ein Hündchen auf den Hänger folgt, kommt mit weniger Zeit aus.

Verladeprobleme lösen

Es gibt sie immer wieder: Die Pferde, die partout nicht auf den Hänger wollen. Wer Turniere reiten will, sollte deshalb frühzeitig anfangen zu üben – wobei frühzeitig weder den Turniertag, noch einen Tag vor dem Turnier meint. Denn unter Zeitdruck kommt Hektik auf, die gerade für ein Problempferd schädlich ist – sowohl was das Verladen betrifft als auch den Turnierstart.

Das Wichtigste vorweg: Jedes (!) Üben muss mit einem Erfolgserlebnis, sprich mit einem Gang auf den Hänger, enden. Wer nach 20 Minuten oder einer Stunde aufgibt, weil er keine Zeit mehr hat, der hat seinem Pferd nur eines beigebracht: dass es nicht auf den Hänger muss, wenn es sich nur lange genug weigert. Die »Belohnung« ist der Gang zurück in den Stall. Beim nächsten Üben ist das Problem dann umso größer. Wer A sagt, also Verladen üben will, muss auf jeden Fall B sagen, sprich es

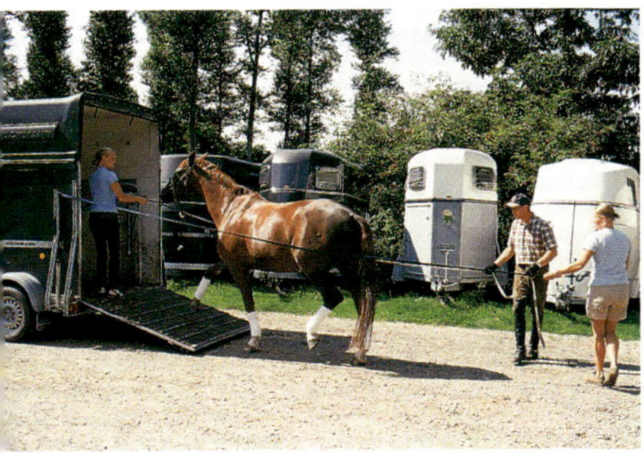

...und das Pferd Schritt für Schritt ...

... auf den Hänger bringen

mindestens einmal mit seinem Pferd auf den Hänger schaffen. Erst dann ist die Übung beendet.

Es gibt mehrere Möglichkeiten, ein Pferd zu »überreden«, auf einen Hänger zu gehen. Egal, ob man es mit Hilfe von seitlich gespannten Longen versucht, den Hänger neben einer Wand parkt, Hindernis-Fänge aufbaut oder sonst was sinnvolles macht – es

Die Longen gespannt halten, bis die Stange eingehängt ist

PROFI·TIPP

Isabell Werth

Man muss beim Verladen eines Pferdes auf jeden Fall die Ruhe bewahren. Mit Longen und Geduld habe ich noch nie Schwierigkeiten gehabt. Auf jeden Fall darf man nicht zu viel »Trara« machen. Zu viele Leute mit Besen, Möhrchen und guten Ratschlägen bringen nur Hektik.

muss konsequent und in Ruhe geschehen. Pferde haben schnell raus, wer der Chef ist. Und sie nutzen dies manchmal schamlos aus. Mit einem »Schätzchen, du musst jetzt lieb mit mir auf den Hänger gehen« kommt man dann meist nicht weit. Allerdings auch nicht mit Druck und Prügel. Die erste Variante zeigt dem Pferd, dass man eigentlich hilflos ist. Die zweite macht ihm Angst, und diese Angst verbindet es irgendwann grundsätzlich mit Hänger fahren. Die Kunst ist, einen gesunden Mittelweg zu finden, der für das Pferd von Vertrauen und Respekt geprägt ist.

Im Folgenden werden einige Möglichkeiten aufgeführt, ein Pferd sicher zu verladen. Welche man letztlich für sich in Anspruch nimmt, kommt auf den Einzelfall an.

VERLADEN MIT LONGEN Zum Verladen mit Hilfe von Longen braucht man einen, im günstigsten Fall zwei Helfer. Am besten ist es, zwei Longen auf halber Höhe des Pferdehängers (eventuell an den Verschluss-Haken) zu befestigen. Die beide Helfer nehmen die Longen auf und bilden damit eine Gasse. Der Reiter führt sein Pferd nun in diese Gasse Richtung Rampe. Sobald das Pferd stoppt, gehen die Helfer um das Pferd herum, so dass sich die Longen zwischen Sitzbeinhöcker und Sprunggelenk des Pferdes kreuzen. Je nachdem, ob das Pferd nach links oder rechts versucht auszuweichen, zieht der linke oder rechte Helfer ein wenig stärker an seiner Longe. Achtung: Es macht nicht viel Sinn, von Anfang an zu viel Druck auszuüben. Das erzeugt meist nur Gegenwehr. Besser ist es, dem Pferd einen Moment Zeit zu lassen, sich mit der Situation vertraut zu machen. Hauptsache ist, dass es gerade und ruhig vor der Rampe stehen bleibt. Der Führer des Pferdes sollte stets Richtung Hänger schauen und sich nicht zum Pferd umdrehen.

Bleibt das Pferd weiterhin wie angewurzelt stehen, können die Helfer den Longen-Druck ein wenig erhöhen, um so einen Schritt nach vorne auf die Rampe zu provozieren. Ruhe bewahren, auch wenn die Sache nicht sofort klappt. Früher oder später gehen die meisten Pferde auf diese Weise auf den Hänger. Doch Vorsicht: Schwierige Pferde neigen dazu, sofort wieder rückwärts zu stürmen. Kommen sie damit ein oder zweimal durch, hat man das nächste Problem. Deshalb sind hier wieder die Helfer gefragt. Sobald das Pferd auf dem Hänger ist, müssen sie die beiden Longen sofort straff spannen und damit vorübergehend die hintere

Stange simulieren. Erst wenn die Stange eingehakt und gesichert ist, werden die Longen entfernt.

Wer auf diese Weise sein Pferd mehrere Male in Ruhe auflädt, wird irgendwann erst auf die eine, dann auf die andere Longe verzichten können. Gibt es trotzdem einmal wieder einen Rückschlag, darf man sich nicht auf hektische Experimente einlassen, sondern sollte stattdessen sofort wieder zum Hilfsmittel Longe greifen. Ausdauer lohnt sich.

VERLADEN ÜBERS RÜCKWÄRTSRICHTEN Die Erziehung von Tieren ist meist der Erziehung von Kindern nicht unähnlich. Für das Verladen kann man sich dies als Reiter zu Nutze machen. Kinder – und Pferde – tun ganz gerne das, was ihnen eigentlich verboten ist. Wer also mit den herkömmlichen Verladestrategien nicht weiter kommt, sollte vielleicht mal etwas ganz anderes versuchen: Die Rampe auf beiden Seiten absperren, entweder mit Longen oder mit Hindernisfängen. Der Reiter führt sein Pferd nun immer nur ein paar Meter Richtung Rampe vorwärts, hält es dann an und richtet es konsequent ein paar Meter rückwärts. Dies wiederholt er immer wieder – fünf Minuten lang, zehn Minuten oder zwanzig Minuten. Irgendwann wird es den meisten Pferden zu bunt und sie wollen nach vorne, egal, wohin der Weg führt – selbst wenn es auf den Pferdehänger geht. Bei besonders hartnäckigen Kandidaten kann man das Rückwärtsrichten sogar noch auf der Rampe exerzieren.

VERLADEN NACH TELLINGTON-JONES Eine weitere Möglichkeit ist das Verladetraining nach Linda Tellington-Jones. Dazu lässt man sein Pferd zunächst nur über eine am Boden liegende Holzplanke schreiten, dann durch ein Hindernistor. Helfer halten anschließend große Plastikplanen hoch, unter denen das Pferd durchgehen soll. Erst wenn es alle Einzelaufgaben problemlos macht, werden Brett, Tor und Plane zusammengenommen, bevor dann mit dem Pferdehänger geübt wird.

Verlade-Training nach Linda Tellington-Jones

VERLADEN AN EINER WAND Manche Pferde neigen dazu, beim Verladen einseitig auszuweichen. In diesem Fall hilft es oft, den Pferdehänger vorübergehend nah an eine Wand zu parken, so dass nur noch eine Seite der Rampe »offen« ist. Auf diese Weise reicht ein Helfer (mit oder ohne Longe) meist aus. Gewöhnt sich das Pferd mit der Zeit daran, zügig den Hänger zu betreten, ohne vorbeilaufen zu können, kann man meist irgendwann auf die Wand verzichten.

All das muss fürs Turnier eingepackt werden

▸ Alles an Bord?

Die meisten modernen Pferdehänger verfügen über kleine eingebaute Sattelkammern, in denen man die »Pferde-Utensilien« gut unterbringen kann. Tipp: Wer beim Einräumen ein bisschen System und Ordnung walten lässt, spart sich in der Hektik der Startvorbereitung nerviges Suchen.

Erfahrene Helfer sind für einen gelungenen Turnierstart sehr wichtig. Wenn's ans Einpacken geht, sollte man sich aber bereits im Vorfeld darüber einigen, wer für was zuständig ist. Es bringt nicht viel, wenn der Reiter ein paar Sachen zusammensucht und im Auto oder Hänger verstaut und der Helfer ebenfalls packt. Dann weiß hinterher keiner mehr, was eigentlich schon an Bord ist und was noch fehlt. Man darf nicht unterschätzen, wie viel »Gepäck« und Kleinkram für ein Turnier so zusammen kommt. Ist man sogar noch mit zwei Pferden unterwegs, wird's noch gewaltiger. Und wenn nach der Abfahrt dann das typische »Hast-Du-eigentlich-die-Trense-eingepackt?« –»Nein,-ich-dachte,-du-hättest-das-gemacht«-Gespräch beginnt, bricht Panik aus. Umdrehen? Auf dem Turnier eine Trense leihen? Beide Möglichkeiten sind nicht gerade eine optimale Vorbereitung auf einen entspannten Start. Also: die Packaufgaben vorher genau klären und vor der Abfahrt noch einmal systematisch überprüfen, ob auch nichts vergessen wurde.

Vereinfachen kann man sich die Sache, wenn man sämtliche »Pferde-Utensilien«, sprich Sattel, Trense/Kandare, Decken, Putzzeug usw., in der Sattelkammer des Pferdehängers unterbringt, die »Reiter-Utensilien« dagegen im Kofferraum des Autos. So hat man gleich alles auf einen Blick und sieht schneller, ob alles da ist.

Checkliste für die Abfahrt – ist alles an Bord?

FÜRS PFERD:

- [ ] Sattel und Sattelgurt
- [ ] Trense/Kandare
- [ ] Weiße Satteldecken / Schabracken
- [ ] Bandagen bzw. Gamaschen (fürs Abreiten)
- [ ] Putzzeug (inkl. Einflecht-Utensilien)
- [ ] Longe (sicherheitshalber)
- [ ] Ersatzhalfter/Ersatzstrick
- [ ] Decken (je nach Jahreszeit Fliegendecke, Winterdecke, Abschwitzdecke, Regendecke)
- [ ] Eimer (für Wasser, Futter)
- [ ] unter Umständen Futter (falls der Turniertag länger wird)

FÜR DEN REITER:

- [ ] Zeiteinteilung
- [ ] Aufgabenheft
- [ ] Weiße Reithose
- [ ] Ersatzreithose
- [ ] Stiefel
- [ ] Weiße Handschuhe
- [ ] Plastron (mit Nadel)
- [ ] Kappe/Zylinder bzw. Melone
- [ ] Gerte, Sporen
- [ ] Schuhputz-Utensilien
- [ ] Lappen
- [ ] Regenjacke
- [ ] Nähzeug und Sicherheitsnadel (für den Fall der Fälle)

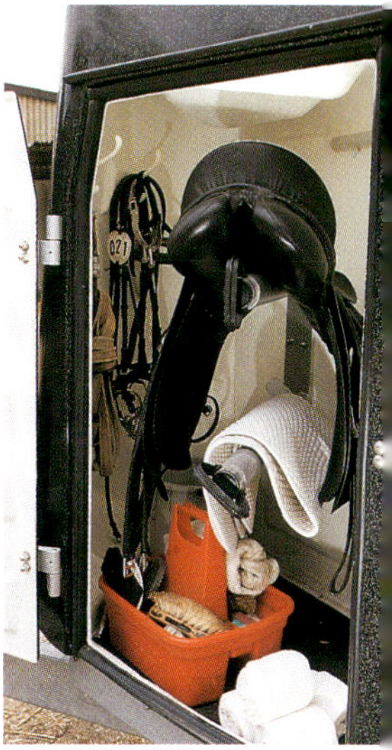

Ordnung im Hängerschrank beugt nervigem Suchen vor

Nach der Ankunft gleich klären: Wo findet man was?

Auf dem Turnierplatz

Die ersten Wege

Das Pferd ist auf den Hänger gegangen, mit Hilfe der Wegbeschreibung auf der Zeiteinteilung hat man den Turnierplatz gefunden. Nun gilt es, sich ein erstes Bild von den Gegebenheiten zu machen. Der erste Weg sollte auf jeden Fall zur Meldestelle führen. Dort kann man erfragen, ob die Starterliste schon geschlossen wurde (das geschieht eine halbe oder eine Stunde vor der Prüfung), in welcher Abteilung oder an wievielter Stelle man startet und wo die Prüfung überhaupt stattfindet.

Sind diese Fragen geklärt, rechnet man sich zunächst seine ungefähre Startzeit aus. Vorsicht: Auf Turnieren der Kategorie C und B gibt es weder feste Startzeiten, noch muss neben dem Nenngeld noch Startgeld gezahlt werden. Das heißt, dass jemand, der am Abend zuvor vielleicht noch abgehakt hat, am Morgen – vielleicht wegen schlechten Wetters – plötzlich entscheiden kann, nicht zum Turnier zu fahren. Derartige Ausfälle müssen immer einkalkuliert werden, wenn es darum geht, seine eigene Startzeit und damit die Länge des Abreitens in etwa zu errechnen.

Wer früh genug am Turnierplatz angekommen ist, hat nun auch noch Zeit genug, sich Abreite- und Prüfungsplatz anzusehen und sich gegebenenfalls erste Strategien zurecht zu legen. Wie weit ist der Weg vom Abreite- zum Prüfungsplatz? Ist die Prüfungshalle oder der Prüfungsplatz unruhig? Gibt es Ecken, an denen sich das Pferd erschrecken könnte? Wer weiß, was auf ihn zukommt, ist meist schon ruhiger und entspannter.

Die Meldestelle ist der Dreh- und Angelpunkt eines Turniers

Am Abreiteplatz findet man kurz vor Beginn der Prüfung auch die Startertafel, auf der die Startnummern der Reihenfolge nach aufgeführt sind. Ist man nicht gleich zu Anfang dran, sollte man immer mal wieder zur Tafel gehen und nachsehen, wie weit die Prüfung fortgeschritten ist, wie viele Abteilungen bzw. Starter man theoretisch noch vor sich hat und ob eine Pause eingetragen ist. Immer einkalkulieren: Auch jetzt kann es noch Ausfälle geben. Deshalb sollte man lieber etwas zu früh als zu spät satteln.

Stressfrei Satteln

Sie wissen, wann Sie in der Prüfung dran sind, Sie wissen, wie lange Sie Ihr Pferd abreiten müssen (rechnen Sie beim Turnier anfangs vorsichtshalber zehn zusätzliche Minuten ein). Nun geht es ans Satteln, für das Sie sich auch ausreichend Zeit nehmen sollten. Manche Pferde sind mindestens ebenso nervös wie ihre Reiter und stehen beim Satteln nicht so brav wie zu Hause. Stressvermeidung ist in diesen letzten Minuten vor dem Start absolut wichtig. Spätestens jetzt kommt auch der Helfer, in Turnierjargon auch liebevoll TT (Turnier-Trottel) genannt, zum Einsatz. Merke: Ein guter TT ist auf dem Turnier die halbe Miete.

Aus Sicherheitsgründen ist es sinnvoll, vor dem Abladen die Trense oder die Kandare anzulegen und festzuschnallen. Erst auf das O.K. des Reiters öffnet der Helfer die hintere Stange, so dass der Reiter samt Pferd langsam und Tritt für Tritt nach rückwärts den Hänger verlassen kann. Unten angekommen, hält einer das Pferd fest, der andere entfernt die Transportgamaschen.

Zeitspar-Tipp zum Bandagieren

Falls der Weg zum Turnierplatz nicht zu weit war, ist es günstig, die Bandagen zum Abreiten bereits zu Hause anzulegen. Das erspart beim Fertigmachen auf dem Hängerplatz Zeit und Nerven.

Nach dem Satteln sollte der Helfer mit dem Pferd zur Entspannung zu Fuß ein paar kleine Runde drehen, während der Reiter sich fertig macht: Handschuhe anziehen und, wenn nötig, mit dem Lappen nochmal über die Stiefel wischen. Kurz vor dem Aufsteigen dann noch eine kurze Erinnerung, was der Helfer alles mitnehmen muss – Jacke, Kappe/Zylinder, Gerte, Lappen –, und schon geht's Richtung Abreiteplatz.

Alles unter Kontrolle?

Gebärdet sich das Pferd beim Satteln allzu kernig, befestigen Sie sicherheitshalber eine Longe am Trensenring. So hat man im Fall der Fälle eine bessere Kontrollmöglichkeit.

▸ Richtig abreiten

Wie lange?

Auf den Abreiteplätzen ländlicher Turniere herrscht oft ein wildes Getümmel. Nur wenige Veranstalter verfügen über ausreichend Platz, um mehrere oder große Abreiteplätze zur Verfügung stellen zu können. Das Gedränge ist deshalb meist groß. Zwar bereiten die Springreiter ihre Pferde immer auf einem eigenen separaten Platz vor, doch liegt der nicht selten gleich neben dem Dressur-Abreiteplatz. Manche »Dressuris« lassen sich da schon mal von fallenden Stangen oder laut schnaubend auf ein Hindernis zugaloppierenden Pferden ablenken.

Gerade aus diesem Grund will das »Wie« und »Wie lange« des Abreitens genau überlegt sein. Hat man ein eher phlegmatisches Pferd, das sich nicht so leicht aus der Ruhe bringen lässt? Oder reitet man einen »heißen Ofen«, der eigentlich eine längere Abreitephase braucht, auf einem überfüllten Platz aber erst recht hektisch wird? Wie lange man schließlich abreitet, hängt also nicht nur von der Form, sondern auch vom Temperament des Pferdes und den äußeren Gegebenheiten ab. Letztlich hilft hier nur das Prinzip »Versuch und Irrtum«. Wenn man ein paar Turniere mit seinem Pferd absolviert hat, weiß man früher oder später, wie man das Abreiten in etwa gestalten soll. Wichtig ist auf jeden Fall, dass man sich Zeit lässt und sein Pferd zunächst löst wie zu Hause. Also nicht auf den Abreiteplatz eilen und dort gleich loslegen. Lieber zehn bis 20 Minuten Schritt reiten, dem Pferd Zeit geben, sich muskulär aufzuwärmen und psychisch auf die neue Umgebung einzustellen.

An der Startertafel sieht man, wie viele Reiter vor einem dran sind

Auf Abreiteplätzen ist es oft sehr voll

Übergänge nutzen

Ist das geschehen, ist es meist sinnvoll, erste Runden in ruhigem Trab zu reiten. Werden Sie nicht gleich hektisch, falls Sie im Getümmel immer mal wieder durchparieren müssen. Nutzen Sie dies und bauen Sie diese (Zwangs-)Übergänge einfach in ihre Lösephase ein. Das verbessert die Durchlässigkeit. Reiten Sie nach dem Lösen, wenn möglich, einzelne Sequenzen aus der Aufgabe. Das bringt Ihnen Sicherheit und bereitet das Pferd auf das Kommende vor. Auch hier sind Übergänge – Trab-Schritt, Trab-Halt, einfache Galoppwechsel – wieder enorm hilfeich, um das Pferd besser an die Hilfen zu bekommen und es vermehrt aufs Hinterbein zu setzen.

Ihr Helfer sollte derzeit die Startertafel im Auge behalten und kontrollieren, ob auch alle Starter der zwei bis drei vor Ihnen startenden Abteilungen bzw. die vor Ihnen startenden Einzelreiter (gilt für Einzel-A und L-Dressur) auf dem Abreiteplatz sind, oder ob vielleicht jemand ausfällt und Sie eher als geplant dran sind. Auf diese Weise wissen Sie früh genug, wann Sie sich bereithalten müssen.

Machen Sie Ihr Pferd auf dem Abreiteplatz nicht müde. Es soll im Viereck zwar gehorsam sein, aber auch nicht ausdruckslos und matt seine Aufgabe absolvieren. Also nicht einfach Runde um Runde Gas geben, sondern immer mal wieder kurze Pausen einlegen. Die sind auch nicht nur für das Pferd sinnvoll, sondern bieten dem Reiter die Möglichkeit, die Aufgabe noch einmal im Kopf durchzugehen.

Auch ein Ritt kann Selbstbewusstsein ausstrahlen

▸ Nerven bewahren

Ich kann das alles!

Prüfungsreiten erfordert viel Konzentration, immerhin gilt es, innerhalb der fünf bis sechs Minuten im Viereck an jede Menge Kleinigkeiten zu denken und dabei den Eindruck zu vermitteln, als ob alles ganz leicht und beinahe wie von selbst ginge. Um diese Konzentration genau auf den Punkt leisten zu können, darf man sich nicht von Nervosität überrumpeln lassen. Denn dann klappt gar nichts mehr. Die Nerven können auf vielfältige Weise ihren Dienst versagen. Während die einen Reiter hektisch werden und so ihr Pferd verunsichern, äußert sich Nervosität bei anderen in Phlegma. Sie sind wie gelähmt, wissen nach ihrem Ritt kaum noch, was sich im Viereck abgespielt hat.

Nervosität in den Griff zu bekommen und in eine positive Anspannung zu verwandeln, ist nicht ganz einfach. Doch es gibt Wege, dies zu schaffen. Ganz wichtig: eine gute Vorbereitung und eine positive Einstellung zum Wettkampf. Wer im Vorfeld vernünftig geübt hat, seine Aufgabe auswendig kennt und pünktlich auf dem Turnier angekommen ist, hat keinen Grund zur Panik. Stellt diese sich plötzlich doch ein, sollte man versuchen, sich selbst zu beruhigen und positiv einzustimmen. Ganz falsch wäre es jetzt, sich seinen negativen Gedanken wie »Ich schaff das nie«, »Die anderen Reiter sind viel besser« oder »Ich vergesse bestimmt die Aufgabe« hinzugeben. Sagen Sie sich stattdessen: »Ich schaffe das«, »Ich bin gut vorbereitet«, »Die anderen müssen auch erst mal reiten«. Machen Sie sich auch klar, warum Sie auf dem Turnier sind: vermutlich, weil Sie auf dieses Ziel hingearbeitet haben, weil ihnen Turnierreiten Spaß macht und weil Sie aus jedem Start lernen können.

Gehen Sie die Aufgabe noch mal im Kopf durch und versuchen Sie, sich dabei Lektion für Lektion an die Tipps Ihres Reitlehrers zu erinnern. Sie werden in der Prüfung vielleicht nicht an alles denken – aber an einiges, und das wird schon viel helfen.

▸ **So machen's die Stars**
Gezielt Abreiten:

Rudolf Zeilinger:
Das Abreiten gestalte ich von Pferd zu Pferd sehr unterschiedlich. Habe ich eine schwere Prüfung gemeldet, dann nehme ich das Pferd vormittags schon einmal heraus und mache es etwa eine halbe Stunde lang locker. Das echte Abreiten vor der Prüfung dauert dann auch etwa eine halbe Stunde, wobei ich mir zehn bis 15 Minuten für die Lösungsphase nehme, die restliche Zeit für die gezielte Vorbereitung. Phlegmatische Pferde versuche ich, in dieser Zeit ein wenig »flott« zu machen, hektischere Kandidaten dagegen mehr zur Ruhe zu bringen. Einen Fehler darf man beim Abreiten auf nicht machen: sich an einer Lektion festbeißen, wenn sie nicht klappt. Dann besser etwas anderes machen, um sich und das Pferd nicht zu verunsichern.

Nadine Capellmann:
Ich reite fast alle meine Pferde zweimal ab. Beim ersten Mal überprüfe ich etwa eine halbe Stunde die Grundrittigkeit und teste ein paar Lektionen an. Vor der Prüfung reite ich dann nur etwa 20 Minuten ab, damit das Pferd sich in der Prüfung frisch präsentiert. Ich vermeide dabei auf jeden Fall Konfrontationen, wenn mal was nicht so klappt. Denn wenn man sein Pferd vor der Prüfung gegen sich hat, klappt nichts mehr. Man muss als Team einreiten.

Heike Kemmer:

Fürs Abreiten nehme ich mir auf dem Turnier immer genügend Zeit, damit sich das Pferd an die neue Umgebung gewöhnen kann. Ich reite zunächst mindestens zehn bis 15 Minuten Schritt und, falls möglich, anfangs kurz auf oder um den Prüfungsplatz, um meinem Pferd die Blumentöpfe und Richterhäuschen zu zeigen. Dann löse ich wie zu Hause über den Rücken in die Tiefe, zuerst im Leichttraben und dann auch im Galopp, bis ich die Zügel aus der Hand kauen lassen kann und eine Schrittpause einlege. In der Pause reite ich ganze Paraden, Schrittpirouetten und Rückwärtsrichten. Anschließend frage ich die in der Prüfung verlangten Lektionen im Trab und Galopp ab. Rechtzeitig vor dem Start werden die Gamaschen abgemacht und der Hut aufgesetzt, damit ich dann ohne Hektik ins Viereck einreiten kann.

Ulla Salzgeber:

Beim Abreiten versuche ich, möglichst genau den Arbeitsrhythmus von daheim beizubehalten. Das heißt: 20 Minuten Schrittreiten, Leichttraben und Abgaloppieren. Dabei muss man unbedingt jeden Stress für sich und sein Pferd vermeiden. Vor der Prüfüng reite ich nicht mehr allzu viele Lektionen, sondern konzentriere mich auf die Durchlässigkeit. Denn was bis dahin nicht klappt, wird bis zum Prüfungsbeginn dann auch nicht mehr besser.

Vor den kritischen Augen der Richter

Das Protokoll hilft dem Richter bei der Notenfindung

Worauf Dressur-Richter achten

Harmonie und Zufriedenheit

Natürlich gibt es sie, die so genannten »Mitteltrab-Richter«. Also solche, die sich bei einer Prüfung von spektakulären Stramplern blenden lassen und sonst auf wenig Wert legen. Doch zum Glück sind sie die Ausnahme. Die meisten Richter wissen, auf was es in einer Dressur ankommt und was sie sehen wollen. Da ist zum einen der gute Gesamteindruck, den ein Reiter mit seiner Vorfühung hinterlassen sollte. Ein Ritt soll in allen Momenten Harmonie und Zufriedenheit ausstrahlen. Wenn dann der Reiter auch noch gut zu Pferde sitzt, unsichtbar einwirkt und die verlangten Lektionen korrekt vorbereitet und ausführt, steht beim gemeinsamen Richten in der Bewertung meist schon eine 7 vor dem Komma.

Mag der Gesamteindruck beim getrennten Richten auch ein wenig in den Hintergrund treten, so kann trotzdem ein korrekt und harmonisch vorgestelltes Pferd ohne große Höhepunkte eine gute Gesamtpunktzahl erreichen. Denn für sauber und geschmeidig ausgeführte Lektionen gibt es schnell eine 6 oder eine 7. Unterm Strich kommt da oft ein schöneres Punktsümmchen zusammen als bei dem spektakulären Strampler, der in den Verstärkungen vielleicht Achten erhält, in anderen Lektionen dagegen patzt und eine 4 kassiert und dann noch in den Schlussnoten eins drüberkriegt.

Zu einem harmonischen Ritt gehören ein geschmeidig sitzender Reiter, ein zufriedenes, taktrein gehendes Pferd, das weder dauernd die Ohren anlegt, noch unwillig mit dem Schweif schlägt, klar erkennbare Übergänge und eine gleichmäßige Anlehnung. Wenn beispielsweise ein Pferd nicht besonders viel Mitteltrab hat, ist es einem Richter meist lieber, der Reiter stellt sein Pferd optimal in seinen Grenzen vor, statt es zu überfordern. Oft gilt gerade in kleineren Dressuren, in denen die Bewegungsqualität der meisten Pferde vielleicht nicht ganz so außergewöhnlich ist, das Motto: Weniger ist mehr. Besser ein knapper, aber taktsicherer Mitteltrab, der genau am Punkt beginnt und erkennbar am Punkt aufhört, als ein hektisches Losstürmen, das mit Auslaufen und Taktfehlern endet.

Ganz wichtig auch: Das Pferd darf nicht zu eng im Hals sein. Kippt ein Pferd dauernd hinter die Senkrechte, nutzt ihm die schönste Vorführung nichts. Nase vor muss hier immer die Devise heißen.

Das sagt der Fachmann Uwe Spenlen

Uwe Spenlen, internationaler Grand Prix-Richter und Lehrer bei Richterseminaren: »Auch in den kleineren Prüfungen der Klasse E, A und L sollten die Anfänge der Ausbildungsskala – also Takt, Losgelassenheit und Anlehnung – erreicht sein. Diese drei Dinge sind Grundlage jeder Dressuraufgabe. Dabei soll das Pferd einigermaßen sicher durchs Genick gehen und da auch bleiben. Die Anlehnung, das heißt die sichere Kontrolle des Genicks, ist auch in den unteren Klassen Voraussetzung für eine gute Platzierung. Eine gute Anlehnung ist wertvoller als das spektakuläre Strampeln eines Pferdes.

Richter Uwe Spenlen

Auch bezüglich des Reitersitzes stellt man als Richter gewisse Anforderungen. So sollte die Senkrechte Schulter-Hüfte-Absatz in etwa erkennbar sein, ebenso wie die ungebrochene Linie Unterarm-Hand-Zügel. Ganz wichtig ist außerdem, dass man als Richter das Gefühl hat, dass der Reiter die Theorie beherrscht und versteht. Wie etwas auszusehen hat, steht in den Richtlinien Band I, einem Bestandteil der LPO. Was darin steht, gilt für die gesamte Dressurreiterei und im speziellen für alle Grundprüfungen bis etwa Klasse L. Die Richtlinien sind eine Ergänzung zu den LPO-Paragraphen. Was darin steht, muss man lesen – und verstehen.

Ob der Reiter wirklich verstanden hat, kann man als Richter an der Art und Weise erkennen, wie der Reiter eine Lektion einleitet und durchführt.

In den E- und A-Dressuren zum Beispiel ist es das korrekte Halten, in L-Dressuren später der sicher gerittene einfache Galoppwechsel. Hierbei kann ich als Richter schon sehen, ob die Hilfengebung verstanden wurde und ob all die unterschiedlichen Bestandteile der Lektion – beim einfachen Wechsel das Zurücknehmen, die halbe Parade zum Schritt, die ruhigen, taktreinen Zwischenschritte, das Geradestellen und das in Innenstellung neu Angaloppieren – nacheinander korrekt zustande kommen.
Darüber hinaus lege ich als Richter Wert auf kontrolliertes Reiten. In einer Abteilungsprüfung in E- oder A-Dressur beispielsweise sollten die Reiter versuchen, saubere Abstände zu halten. Das geht schon beim Einreiten los, da wird bereits der Grundstein gelegt für die kommende Prüfung. Wenn der erste Reiter auf das Kommando Einreiten plötzlich eine Spitzkehre macht und dann viel zu nah am Hufschlag auskommt, die anderen zwei oder drei Reiter sich dann irgendwie neben ihm aufstellen, dann ahne ich schon, dass auch im Folgenden Probleme mit dem kontrollierten Reiten aufkommen werden.

Man hört auch immer wieder die Ausrede mancher Reiter, dass ihre Pferde Probleme damit haben, in der Abteilung zu gehen. Ich bin der Meinung, dass man diese Probleme nicht damit abstellt, künftig nur noch L-Dressur zu reiten, sondern damit, dass man auch zu Hause das Abteilungsreiten übt und nicht nur auf dem Turnier. Nur auf diese Weise lernt man, sein Pferd, wie gefordert, zu kontrollieren. Und das ist die Grundlage für alles Weitere.«

Punkte machen

- Ein gepflegtes Erscheinungsbild.
- Korrekte Grußaufstellungen reiten.
- Saubere Hufschlagfiguren reiten.
- Alle Übergänge deutlich markieren.
- Korrekt sitzen und einwirken.
- Möglichst wenig Gerte und Sporen einsetzen.
- Nicht ungeduldig mit dem Pferd werden.

Bandagen runter, Zylinder auf – gleich geht's los

▸ Auf los geht's los

Letzter Outfit-Check

Reiten Sie bei sommerlichen Temperaturen nicht in voller Montur ab, sonst sind Sie schon erschöpft, bevor es richtig los geht. Sinnvoller ist es, Jacke und Zylinder erst kurz vor dem Start anzuziehen. Im Allgemeinen geht das auf dem Pferderücken, so dass man nicht abzusteigen braucht. Ein letzter Check: Sitzen Plastron, Hut und Jacke? Sind alle Lederstücke an Sattel und Trense ordentlich verschnallt? Nicht vergessen: Der Helfer muss die Bandagen bzw. Gamaschen abmachen, die man zum Schutz der Pferdebeine beim Abreiten benutzen sollte. In Dressurprüfungen sind sie verboten. Wer damit einreitet, wird disqualifiziert.

Ist alles soweit bereit, sollte man noch ein paar Runden reiten, eventuell auch mal zulegen, um seinem Pferd zu signalisieren: Wir sind trotz der kleinen Outfit-Unterbrechung noch nicht fertig, der wichtigste Part kommt noch! Wenn der Aufruf »Nummer xy, bitte bereithalten« ertönt, kann man schon mal in Richtung Prüfungsplatz vorziehen. Je zeitgenauer Sie am Platz sind (am besten in dem Moment, in dem ihr Vorreiter nach dem Schlussgruß die Zügel aus der Hand kauen lässt), desto länger können Sie im oder um das Viereck herumreiten und Ihrem Pferd die Möglichkeit geben, sich alles in Ruhe anzusehen.

Die letzten Sekunden vor dem Einritt

Nur wenige Augenblicke, dann ist es soweit. Doch gerade diese Sekunden können sehr wichtig sein. In der Zeit, bis die Richter »Bitte Abteilung bilden« oder »Bitte beginnen« sagen, kann man sein Pferd an die strategisch wichtigen Stellen im Viereck gewöhnen. Das sind im Allgemeinen: die Tür, die Zuschauer und die Richter, außerdem Blumenkübel und sonstige bunte Dekorationen.

In Ruhe ums Viereck herumreiten

Wer eine Abteilungsprüfung reitet, muss sich außerdem einen Platz in der sich bildenden Abteilung suchen. Möchte man an die Tete, ruft man laut und vernehmlich »Anfang hier«. Mit ein bisschen Glück kann man dann vorne reiten. Oft melden sich aber zwei Reiter, die beide die Tete übernehmen möchten. Dann wird's kritisch – und manchmal sogar kindisch: Der eine ist noch nicht ganz vorn, da wird er auch schon vom anderen überholt. Das Spielchen dauert dann meist so lange, bis der Klügere nachgibt – oder bis die Richter nach dem Motto »die niedrigste Startnummer geht an den Anfang« den Streit beenden.

Auch bei einzeln gerittenen Dressurprüfungen sollte man die Zeit bis zur Startaufforderung ausnutzen. Bei kleineren Prüfungen darf man meist bereits aufs Viereck, bei größeren Prüfungen ist manchmal vorgeschrieben, von außen einreitend die Prüfung zu beginnen. Im Zweifel einfach die Richter fragen.

Die Abteilung hat sich formiert

Egal, ob man sich bereits im Viereck befindet oder außen herumreitet – wichtig ist, sein Pferd in diesen letzten Sekunden richtig vorzubereiten. Dazu gehört:

- sowohl linke als auch rechte Hand herumreiten;
- ist man bereits auf dem Viereck, dann auch mal die Mittellinie entlang auf die Richter zu reiten (aus dieser Richtung sieht ein Richterhäuschen für Pferde ganz anders aus)
- mehrmals in Ruhe an »kritischen Stellen« vorbeireiten (dies können die Blumendekoration, Lautsprecher, Zuschauer, Bandenwerbung, Richterhäuschen etc. sein)

Erhöht sitzende Zuschauer …

… können ein Pferd schon mal …

… aus der Fassung bringen

▸ Wenn's geht, noch einmal zulegen, um das Pferd aufmerksam zu machen.

Wer ein nervöses Pferd hat, wird häufiger mit den »kritischen Punkten« zu kämpfen haben als ein Reiter eher ruhiger und gelassener Pferde. Scheut ein Pferd bereits vor dem Aufgabenbeginn, heißt es: Ruhe bewahren. Wird Ihr Pferd etwa durch lärmende Zuschauer verunsichert, scheuen Sie sich nicht, freundlich um etwas mehr Ruhe zu bitten. Wer dann selbst hektisch wird, verschlimmert das Problem. Bremst ein Pferd vor der imaginären Gefahr ab oder dreht sich auf dem Absatz um, muss man versuchen, in Ruhe wieder an der Stelle vorbeizureiten. Loben und sprechen Sie mit ihrem Pferd. Noch ist »Stimme« erlaubt, in der Prüfung selbst führt sie zum Punktabzug.

In den meisten Fällen hilft es, das Pferd innengestellt an der »Gefahr« vorbeizureiten und ihm dabei gegebenfalls zur Aufforderung und Unterstützung des treibenden inneren Schenkels einen kleinen Klapps mit der Gerte zu geben. Schlagen bringt nichts!

Es gibt auch Vierbeiner, die gelassener reagieren, wenn sie ihre ängstliche Neugier einmal gestillt haben. Lassen Sie ein solches Pferd am langen Hals schauen, loben Sie es und reiten Sie dann weiter. Welcher »Scheu-Typ« Ihr Pferd ist, müssen Sie selbst herausfinden und dann entsprechend reagieren.

Für alle guckigen Pferde gilt: Vertrauensbildung und Erziehung können zwar auch auf einem Turnier stattfinden, aber die Grundlagen dafür müssen natürlich in der täglichen Arbeit zu Hause gelegt werden.

In der Aufgabe ist Konzentration angesagt

Bitte beginnen

Tipps zum Reiten einer Aufgabe

Anhand einer Beispielaufgabe – hier die L 2 – soll gezeigt werden, an was der Reiter Lektion für Lektion denken muss und auf welche Schwerpunkte die Richter bei den einzelnen Lektionen achten.

Aufgabe	Reiter denkt an:	Richter achtet auf:
1. **A-X** Einreiten im Arbeitstrab **X** Halten; Grüßen; im Arbeitstempo antraben	Frühzeitig abwenden, dann sofort C anschauen, Tempo leicht erhöhen. Gleichmäßig mit beiden Beinen in die Parade hineintreiben. Ruhig stehen lassen, beim Anreiten immer noch auf C schauen, nach vorne wollen, Tempo leicht erhöhen.	Stellung und Biegung beim Abwenden, Geraderichtung auf der Mittellinie. Kommt die Parade sicher durch? Ist das Halten gerade und geschlossen? Geschieht das Anreiten gerade und vom Fleck?
2. **C** Rechte Hand **(C-M-B)** (Der Arbeitstrab)	An Fleiß und Gleichmaß denken, frisch nach vorne reiten	Takt, Fleiß, Ausdruck
3. **B-X** Halbe Volte rechts (10 m) **X-E** Halbe Volte links (10 m)	Halbe Volten sorgfältig anlegen, genau über X kurz geradeaus und umstellen	Sind die halben Volten rund? Spurt das Pferd oder weicht die Hinterhand aus? Verwirft es sich im Genick oder wird es eng im Hals?
4. **(E-K-A)** Der Arbeitstrab **A** Versammelter Trab **(A-F)** (Der versammelte Trab)	Arbeitstrab frisch nach vorn, bei A Übergang deutlich markieren, anschließend Hand vor und ruhig wieder ein bisschen vorwärts reiten	Ist der Übergang zwischen Arbeits- und versammeltem Trab erkennbar? Bleibt das Pferd dabei sicher in der Anlehnung?

Aufgabe	Reiter denkt an:	Richter achtet auf:
5. **F-X-H** Im Mitteltrab durch die ganze Bahn wechseln **H** Versammelter Trab	Sobald das Pferd gerade auf der Diagonalen ist, zulegen. Bis zum Punkt durchhalten.	Bleibt der gleichmäßige Takt erhalten? Entwickelt das Pferd genügend Schub? Wird die Verstärkung bis zum Punkt durchgehalten?
6. (Übergänge vom versammelten Trab zum Mitteltrab und vom Mitteltrab zum versammelten Trab)	Übergänge punktgenau reiten, beim Zulegen die Hand leicht vor, damit das Pferd seinen Rahmen erweitern kann; beim Einfangen von hinten herantreiben, kurz gegenhalten und dann gleich wieder Hand vorgeben	Ist die Rahmenverweiterung erkennbar? Bleibt das Pferd beim Einfangen in der Anlehnung oder wehrt es sich gegen die Hand?
7. **B** Rechtsum **(H-M-B-X)** (Der versammelte Trab)	Saubere Bahnfigur reiten, von hinten in die Versammlung hereintreiben, dabei vorne Tritt für Tritt leicht abfangen	Geschieht das Abwenden am Punkt? Ist die Versammlung ausdrucksvoll und genügend bergauf?
8. **X** Halten; eine Pferdelänge rückwärts richten, daraus im Mittelschritt anreiten	Auf punktgenaues Reiten achten, in der Parade Genick oben halten, schnell genug mit der Hand vor. Ganz in Ruhe rückwärts richten, nach dem letzten vollen Tritt sofort energisch nach vorne treiben	Kommt die Parade sicher durch? Ist das Rückwärtsrichten diagonal und durchlässig? Geschieht der Antritt ohne vorherige Stockung?

Aufgabe	Reiter denkt an:	Richter achtet auf:
9. **E** Linke Hand **(X-E-K-A)** (Mittelschritt)	Zügel ein wenig durch die Finger gleiten lassen, diagonal treiben (mit linkem Schenkel zufassen, wenn das rechte Vorderbein vor geht und umgekehrt), Nase vorlassen. Merke: Diese Lektion zählt doppelt!	Geht das Pferd einen klaren Viertakt? Sind Raumgriff und Übertritt in Ordnung? Lässt es seinen Hals fallen?
10. **A** Kurzkehrt	Pferd im Fluss halten, in leichter Innenstellung die Vorhand um die Hinterhand führen, Vorwärtstendenz erhalten	Bleibt das Pferd im Vorwärts oder tritt es zurück? Stimmen Stellung und Biegung? Beschreibt die Hinterhand einen möglichst kleinen Kreisbogen?
11. **(A-K)** (Der Mittelschritt)	Wie bei Lektion 9, zählt hier aber nicht doppelt	
12. **K** Im versammelten Tempo rechts angaloppieren	Kurz vor K das Pferd etwas aufnehmen, mit halber Parade aufmerksam machen. Genau am Punkt anspringen lassen	Geschieht der Angalopp spontan? Bleibt das Pferd dabei gerade? Bleibt es geschlossen, oder fällt es auseinander?
13. **(K-H)** (Der versammelte Galopp) **H** Aus der nächsten Ecke kehrt (8 m) ohne Galoppwechsel	Pferd deutlich versammeln, äußeren Rand der Kehrtvolte zwei Meter vor der Mittelinie enden lassen, beim Zurückreiten zum Hufschlag Pferd gerade halten, notfalls Tempo minimal erhöhen	Bleibt das Pferd in der Versammlung im Dreitakt? Ist die Größe der Kehrtvolte korrekt angelegt? Sind in der Wendung Stellung und Biegung in Ordnung? Bleibt das Pferd am Schluss gerade, oder kommt es traversartig zum Hufschlag zurück?
14. **(E-K-A)** (Der Außengalopp)	An »setzen, setzen, setzen« (sprich: versammeln) denken, dabei ausreichend treiben und an leichter Hand das Genick oben halten	Bleiben Dreitakt und Versammlung erhalten?

Aufgabe	Reiter denkt an:	Richter achten auf:
15. **A** Einfacher Galoppwechsel	Frühzeitig vorbereiten, dabei A im Blick halten. Halbe Paraden so geben, dass A genau in der Mitte des Wechsels liegt.	Sind klare Zwischenschritte erkennbar? Kommt das Pferd sofort in den Schritt und wieder in den Galopp? Bleibt es gesetzt und an den Hilfen?
16. **(A-F-M)** (Der versammelte Galopp) **M** Aus der nächsten Ecke Kehrt (8 m) ohne Galoppwechsel	Wie Lektion 13	
17. **(B-F-A)** (Der Außengalopp)	Wie Lektion 14	
18. **A** Einfacher Galoppwechsel	Wie Lektion 15	
19. **K-H** Mittelgalopp **H** Versammelter Galopp	Energisch nach vorne reiten, Hand vor, beim Einfangen gerade halten.	Bleibt das Pferd gerade? Geht der Galopp über genügend Boden? Ist die Rahmenerweiterung erkennbar?
20. (Übergänge vom versammelten Galopp zum Mittelgalopp und vom Mittelgalopp zum versammelten Galopp)	Punktgenau reiten, gerade halten	Sind die Übergänge geschmeidig und klar erkennbar?
21. **C** Versammelter Trab **M-X-K** Im Mitteltrab durch die ganze Bahn wechseln **K** Versammelter Trab	Punktgenau reiten, halbe Parade geben, äußeren Schenkel wieder vor, sich in Gedanken den Galopp-, dann den Trabrhythmus vorstellen. Erst zulegen, wenn das Pferd auf der Diagonalen gerade ist. Durchhalten bis K.	Ist der Übergang geschmeidig und am Punkt? Entwickelt das Pferd im Mitteltrab genügend Schub aus der Hinterhand? Ist die Verstärkung taktrein und gut durchgehalten?

Aufgabe	Reiter denkt an:	Richter achten auf:
22. (Übergänge vom versammelten Galopp zum versammelten Trab, vom versammelten Trab zum Mitteltrab und vom Mitteltrab zum versammelten Trab)	Alle Übergänge deutlich und punktgenau herausreiten, dabei immer schnell genug mit der Hand vorgehen.	Sind die Übergänge klar erkennbar? Wehrt sich das Pferd gegen die Hand?
23. **A** Auf die Mittellinie abwenden **X** Halten. Grüßen	Wie Lektion 1	
Im Mittelschritt am langen Zügel die Bahn verlassen	Hierfür gibt's zwar keine Note mehr, es macht aber einen guten Eindruck, wenn das Pferd dabei zufrieden vorwärts-abwärts abkaut und einen ruhigen Schritt zeigt.	

Lösungshilfen für Fehler und Pannen

Bei jedem Prüfungsritt, egal ob dem eines erfahrenen oder unerfahrenen Reiters, kann es in einzelnen Lektionen zu Problemen und Schwierigkeiten kommen. Während man beim heimatlichen Training die Lektion dann einfach wiederholt, besteht diese Möglichkeit in der Prüfung nicht. Trotzdem macht es einen großen Unterschied, wie man auf eine Panne reagiert. Erfahrene Reiter lassen sich von einem Patzer meist nicht aus der Fassung bringen, sondern versuchen, entweder drüber weg zu reiten oder ihn vielleicht gar noch zu korrigieren.

Schwierig wird es natürlich, wenn sich das Pferd über irgendetwas aufregt und sich vollkommen der Einwirkung seines Reiters entzieht. Doch selbst dann sollte man nicht gleich aufgeben, sondern den Ritt fortsetzen und als Training abschreiben.

Im Folgenden einige Tipps, was man tun kann, wenn...

... das Pferd schon beim Einreiten nicht an Blumentöpfen, Richterhäuschen oder Zuschauern vorbeigeht.

▸ Vermeiden Sie bei sich selbst jede Hektik, die würde sich nur auf das Pferd übertragen und es in seiner Angstreaktion bestärken. Versuchen Sie, im Schritt oder im Leichttraben an den »gefährlichen« Punkten vorbeizureiten. Loben Sie ihr Pferd anschließend. Falls es sich weigert, touchieren Sie es kurz mit der Gerte. Nicht schlagen, das verstärkt nur die Angst.

... das Pferd bei der Grußaufstellung unruhig wird.

▸ Beruhigen Sie es mit leiser Stimme, kneifen Sie ihm mit einer Hand unauffällig in den Hals kurz vor dem Widerrist. Davon lassen sich viele Pferde beruhigen. Reiten Sie sofort nach dem Gruß an. (Nehmen Sie sich vor, zu Hause das Halten zu üben!)

... das Pferd immer nach außen Richtung Zuschauer schielt.

▸ stellen Sie es minimal nach innen.

... das Pferd in der Trabverstärkung angaloppiert.

▸ Versuchen Sie, es sofort in Ruhe durchzuparieren, kurz aufnehmen und dann wieder zulegen.

... das Pferd im Außengalopp umspringt.

▸ Auf jeden Fall korrigieren, auch wenn es nur noch wenige Meter bis zum verlangten einfachen Wechsel sind. Wird nicht korrigiert, gilt der nämlich als nicht gezeigt.

Zügel aus der Hand kauen lassen – geschafft

Der ersehnte Moment: Die Ehrenrunde

Nach der Aufgabe

Pferd versorgen

Es ist geschafft, die Aufgabe ist geritten, die Anspannung vorüber. Normalerweise geben die Richter sofort nach den Ritten die Noten bekannt. Lediglich beim getrennten Richten, bei dem in der Rechenstelle ja zuächst die Einzelnoten addiert werden müssen, dauert dies ein wenig, so dass man seine Note erst einen Ritt später erfährt.

War man ziemlich am Ende der Prüfung dran und hat auch noch eine gute Note erhalten, dann sollte sich der Helfer erkundigen, ob »sein« Reiter platziert ist und wann mit der Platzierung zu rechnen ist. Manchmal findet sie gleich im Anschluss an eine Prüfung statt, machmal auch erst eine halbe oder eine ganze Stunde später – je nachdem, wie sie in den Ablaufplan des Turniers passt. Hat man noch genügend Zeit (oder ist nicht platziert), sollte man seinem Pferd eine Pause gönnen. Denn auch der vierbeinige Sportpartner hat nun ein wenig Ruhe und Entspannung verdient. Ist das Pferd verschwitzt, muss Trockenreiten eine Selbstverständlichkeit sein. In dieser Zeit kann der Helfer ja schon mal einen Eimer Wasser holen, sodass das Pferd nach dem Absatteln gleich getränkt werden kann.

Nach Trockenreiten, Absatteln und Abpflegen wird verladen. Sollte es hierbei Probleme geben (manche Pferde gehen in der Aufregung des Turnierplatzes schlechter auf den Hänger als zu Hause), ist »Ruhe bewahren« wieder die Zauberformel. Nicht lange herumprobieren,

Glückwunsch, gut gemacht!

sondern lieber gleich eine Longe festschnallen und so dem Pferd eine seitliche Begrenzung geben – und den unmissverständlichen Hinweis, dass es mit dem Verladen ernst gemeint ist. Reagiert man so Turnier für Turnier, wird das Pferd früher oder später gleich auf den Hänger gehen.

Platziert oder nicht platziert

Ob er nun platziert ist oder nicht kann sich der Reiter in etwa selbst ausrechnen. Laut LPO muss nämlich ein Viertel aller Starter (Mindestvorausetzung Wertnote 5,0 und besser) in die Platzierung kommen, bei 20 Startern beispielsweise wären das fünf Platzierte. Sind 21 gestartet, muss nach oben aufgerundet werden, es kommen dann sechs Reiter in die Platzierung. Manchmal sind die Starterfelder allerdings auch so groß, dass nach der Prüfung geteilt und in zwei oder drei Abteilungen platziert wird. Ab wann geteilt wird, ist ebenfalls in der LPO geregelt.

Manche Veranstalter platzieren auch großzügig, das heißt ein oder zwei Reiter mehr als sie eigentlich müssten. Damit diese Großzügigkeit nicht ausufert und so Platzierungen quasi verschenkt werden, haben die LPO-Macher vorgeschrieben, dass bei der Erfolgsstatistik von Pferd und Reiter nur die Platzierungen angerechnet werden, die sich im »Platzierungsdritttel« abspielen. Für darüber hinausgehende Platzierungen gibt es höchstens eine Schleife, vielleicht einen Geldpreis – und ein Erfolgserlebnis.

Ein Protokoll kann wichtige Tipps geben

Aus dem Protokoll lernen

Nach Prüfungsende ist es sinnvoll, sich sein Protokoll zu holen und es zu studieren. Ein Protokoll gibt meist wertvolle Hinweise darauf, was gut und vor allem was schlecht war. Es zeigt auf, ob sich die Note durch eine Anhäufung von Einzelfehlern ergeben hat, oder ob ein grundliegendes Problem vorliegt, das sich wie ein roter Faden durch die Prüfung zog. Zwar können Richter mit dem Protokoll keinen Reitunterricht geben, dafür fehlt bei der schnellen Lektionsabfolge während eines Rittes die Zeit. Aber die Kommentare guter Richter können wertvolle Anhaltspunkte für die Arbeit zu Hause sein und für einen eventuellen zweiten Start bei diesem Turnier.

▸ **PROFI·TIPP**

▸ **Isabell Werth**

In der Vorbereitung auf die zweite Prüfung des Tages muss man auf jeden Fall kräfteschonend reiten. Das gilt für das zweite Abreiten, das vielleicht nur noch halb so lang sein sollte, genauso wie für das erste. Wenn man weiß, dass man eine zweite Prüfung hat, sollte man, je nach Kondition des Pferdes, nicht schon in der ersten alle Kraft verpulvern.

Natürlich kann man nach dem Lesen eines Protokolls nicht gleich alle Fehler ausmerzen, einiges kann man aber sofort versuchen zu verbessern. So zum Beispiel, wenn die Richter ungenaue Bahnfiguren, dauerndes zu frühes oder zu spätes Halten, nicht durchgehaltene Verstärkungen oder ein zu mattes Grundtempo moniert haben. Diese Dinge lassen sich mit ein wenig mehr Konzentration leicht abstellen.

Wer nach seinem Ritt ein total gutes Gefühl hatte und trotzdem eine schlechte Note bekommen hat, kann getrost einen der Richter ansprechen. Dabei kommt es allerdings auf das Wie an. Sprüche wie »Was haben Sie sich denn da für einen Mist zusammengerichtet« oder »Sie können mein Pferd wohl nicht leiden« beenden das Gespräch verständlicherweise meist, bevor es überhaupt begonnen hat. Wer dem Richter aber vermittelt, dass er aus einer klärenden Unterhaltung etwas lernen möchte, erhält im allgemeinen auch vernünftige Auskunft. Seien Sie aber nicht enttäuscht oder verärgert, wenn sich der Richter an Ihren Ritt nicht gleich erinnern kann. Nach 30, 40 oder gar 60 Pferden in einer Prüfung könnten Sie das sicher auch nicht. Nehmen Sie sich deshalb für das Gespräch Ihr Protokoll hinzu, sprechen Sie einzelne Punkte daraus an und fragen Sie, was damit gemeint war und wie man es besser machen kann.

Die nächste Prüfung

Wer am selben Tag noch eine zweite Prüfung mit seinem Pferd reitet, muss einige Dinge bedenken. Das fängt mit einer so profanen Frage wie »Pieselt mein Pferd auf dem Hänger?« an und hört mit der Planung der Abreite-Zeit auf. Ersteres Problem mag ein wenig seltsam erscheinen, kann einen Ritt aber stark beeinflussen. Viele Pferde wollen auf dem Hänger nicht stallen (so nennt man im Fachjargon das Urinieren der Pferde) und verhalten ihren Urin. Man kennt das: Müssen müssen und nirgendwo können, kann sehr unangenehm werden. Pferden ergeht es ebenso, und so darf es

Zwischen den Prüfungen muss das Pferd versorgt, ...

nich wundern, wenn in solchen Momenten die Leistung ausbleibt. Typische Zeichen von »dringend müssen« beim Pferd sind verspannte Rückenmuskeln, Widersätzlichkeiten beim Rückwärtsrichten und – bei Hengsten und Wallachen – ein leicht ausgefahrener Schlauch. Verhindern lassen sich derartige Schwierigkeiten, wenn man gleich bei Ankunft auf dem Turnierplatz nachfragt, ob die Möglichkeit besteht, sein Pferd im Laufe des Tages zum Abstallen kurz in eine Box zu stellen. Viele Veranstalter sind bereits auf derartige Anliegen eingestellt und halten deshalb »Pinkel-Boxen« bereit. Dies geht natürlich nur, wenn das Turnier auf oder neben einer Reitanlage und nicht auf der grünen Wiese stattfindet. Ist Letzteres der Fall, bleibt nur die Hoffnung, dass das Pferd mit der Zeit lernt, auf oder neben dem Hänger zu stallen. Einigen Pferden hilft es hier schon, wenn man ihnen ein wenig Stroh hinten in den Hänger legt. (Auf eine Volleinstreu sollte aus Sicherheitsgründen verzichtet werden, da das Pferd auf dem rutschigen Stroh schlechter Halt findet.)

Ist das Pipi-Problem gelöst, geht es wieder an die Planung des Abreitens. Meist kann das zweite Abreiten etwas kürzer gehalten werden, da das Pferd ja bereits einen Einsatz hinter sich hat. Ob dies zutrifft, muss jeder Reiter individuell für sich entscheiden, denn jedes Pferd ist anders.

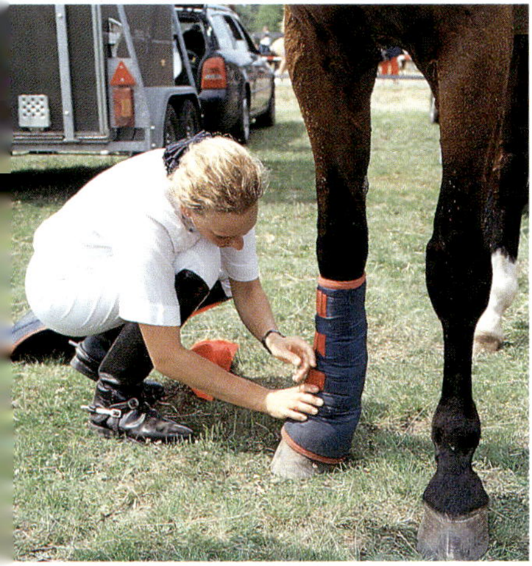

... abgepflegt und sicher »eingepackt« werden, bevor es ...

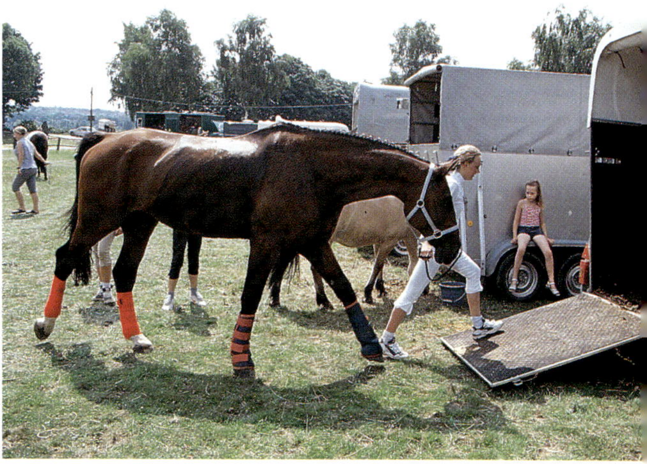

... vorübergehend wieder auf den Pferdehänger gestellt wird.

Zurück zu Hause

Das Turnier ist vorüber, nun heißt es zurück nach Hause fahren und zunächst das Pferd versorgen. Der Vierbeiner sollte immer an erster Stelle stehen, immerhin hat er an diesem Tag oder Wochenende viel geleistet. Zu Hause angekommen stellt man es am besten sofort in die Box, damit es stallen kann und sich vielleicht auch ausgiebig wälzt. In dieser Zeit können schon mal sämtliche Utensilien wie Sattel, Trense, Bandagen etc. wieder zurück in die heimische Sattelkammer geräumt werden. Nicht vergessen: die Startnummern von Trense oder Kandare abmachen und gut weglegen, damit man sie fürs nächste Turnier gleich griffbereit hat.

Alle übrigen Dinge sortiert man am besten gleich am Auto: schmutzige weiße Decken gehen zur Wäsche mit nach Hause, ebenso die Reiter-Utensilien wie Jackett, Handschuhe, Kappe / Zylinder und Ähnliches. In der (abschließbaren) Hängersattelkammer könnten während der Saison Dinge wie Wassereimer, Besen, Ersatzstrick, Lappen, Stiefelputzzeug oder eine zweite Lage Putzzeug fürs Pferd bleiben. Diese Sachen zumindest braucht man dann nicht zu jedem neuen Turnierstart wieder neu zusammenzutragen.

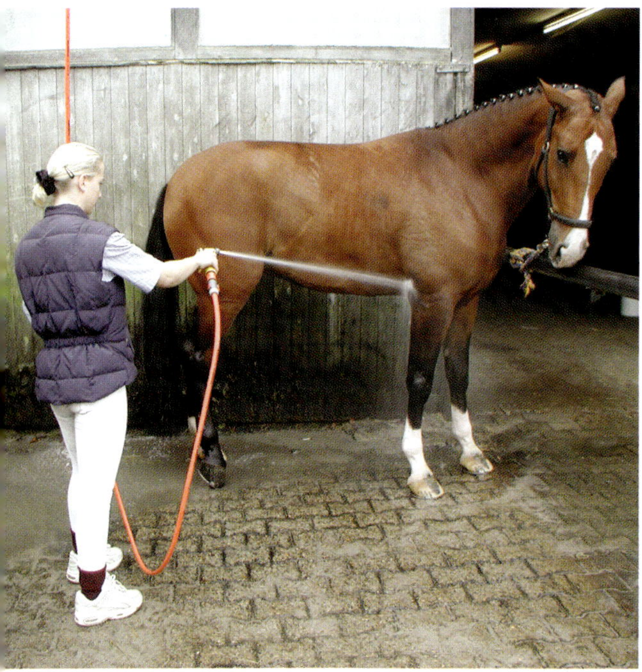
Nach dem Turnier gilt es, zuerst das Pferd zu versorgen

Was ansonsten im Stall bleibt, hängt von der Größe des zur Verfügung stehenden Sattelschranks ab. Leider sind die in vielen Reitställen eher klein und knapp bemessen, sodass man viele Dinge wie Turnierdecken oder Abschwitzdecken besser mit nach Hause nimmt und sie dort irgendwo deponiert.

Ist alles ein- und umgeräumt, ist Kollege Pferd an der Reihe. Dem Abpflegen seines Pferdes sollte der Reiter gerade nach einem Turnier viel Zeit einräumen – der Vierbeiner hat es sich verdient. Ist das Pferd stark verschmutzt oder sein Fell vom Schweiß verklebt, sollte man es sorgfältig abspritzen. Doch Vorsicht: Nicht einfach den Schlauch mit kaltem Wasser gleich voll aufs Pferd richten. Das Pferd ist kein Auto und muss, ebenso wie ein Mensch, an die Wassertemperatur erst nach und nach gewöhnt werden. Hat man kein warmes Wasser zur Hand, fängt man mit dem Abspritzen langsam von unten nach oben und von vorn nach hinten an. Also erst die Beine mit dem Wasser säubern, dann langsam zu Hals und Schulter hochgehen und erst dann den Rumpf entlang Richtung Hinterhand.

Nach dem Abspritzen muss man das überschüssige Wasser mit einem Schweißmesser vom Pferdekörper abziehen. Bleiben Sie dabei aber den unbemuskelten Teilen der Beine fern, dort können Sie mit dem Schweißmesser mehr Schaden als Nutzen anrichten. An diesen Stellen ist es besser, das Wasser zunächst mit der Hand wegzustreifen und die Fesselbeugen anschließend mit einem Tuch trockenzureiben.

Je nach Wetter sollte man sein Pferd mit oder ohne Abschwitzdecke trockenführen, bevor es zurück in seinen Stall geht. Vorheriges Hufeauskratzen und Entfernen der Zöpfe sollte eine Selbstverständlichkeit sein. Gerade das »Zöpfe rausmachen« verschieben manche Reiter am Ende eines langen Turnier-Tages gerne mal auf den nächsten oder gar übernächsten Tag. Dies ist allerdings nicht gerade pferdegerecht, denn früher oder später fängt die geflochtene Mähne am Haaransatz unangenehm an zu jucken. Je nachdem, wie fest die Zöpfe geflochten wurden, besteht außerdem die Gefahr, dass die Haare brechen. Also: Zöpfe nach dem Turnier raus! Diese Arbeit dauert nur ein paar Minuten. Bevor nun abschließend der Hänger ausgefegt oder ausgespritzt wird, muss man sich als Reiter noch davon überzeugen, dass das Pferd sein abendliches Futter im Trog und auch ausreichend Heu im Stall hat. Wenn Sie Ihrem Pferd nun etwas Besonderes gönnen wollen, geben Sie ihm als Dankeschön noch ein paar Leckereien wie Möhren, Äpfel oder Leckerlis und streuen ihm vielleicht noch ein wenig Elektrolyte übers Futter oder ins Trinkwasser.

Erst wenn das Pferd versorgt und alles wieder richtig verstaut ist, ist der Turniertag wirklich zu Ende und der Reiter hat Zeit und Muße, in Gedanken noch mal das Erlebte und Gelernte durchzugehen.

Reiten
und umsorgen

Die Zeit nach einem Turnier ist meist auch wieder die Zeit vor einem Turnier – oder die Zeit vor der kommenden Saison. Das heißt, die Arbeit hört nie auf. Vor allem dann, wenn sich der Reiter mit seinem Pferd weiterentwickeln will. Jeder Start, egal ob erfolgreich oder nicht, bringt einen ein kleines Stückchen vorwärts, denn man lernt etwas dabei. Und der Lernprozess im Reitsport hört nie auf.

Bei allem Ehrgeiz muss aber das Pferd mit seinen Bedürfnissen immer im Mittelpunkt stehen. Es ist kein Sportgerät, sondern ein Sportpartner. Erwartet man von ihm Leistung, muss man erst selbst welche erbringen – reiterliche und pflegerische.

Dazu gehört die dauernde eigene Fortbildung im Sattel, aber auch in Fragen des Umgangs und der richtigen Pferdehaltung. Nur wer über die Grundbedürfnisse seines Pferdes richtig Bescheid weiß, kann ihm ein gesundes und erfülltes Leben bieten. Für jeden Reiter – egal ob reiner Freizeitreiter oder ambitionierter Turnierreiter – sollte dies das Wichtigste überhaupt sein. Eigene Interessen müssen notfalls auch einmal zurückstehen.

Den Spaß an der Arbeit erhalten

▸ Die Tage nach dem Turnier

Weg mit dem Stehtag

»Mein Pferd war gestern zum Turnier, es braucht heute Ruhe.« Ein Satz, der grundsätzlich zwar richtig ist, aber nicht heißen soll, dass der Vierbeiner am Tag nach seinem Turniereinsatz 24 Stunden im Stall stehen bleibt. Der Ruhe- oder Stehtag ist nämlich nur etwas für Menschen, für Reiter, die mal einen Tag ohne Stall verbringen möchten, und für Stallbetreiber, deren Personal zumindest einen Tag in der Woche freihaben will.

Pferde dagegen brauchen die Bewegung, auch oder gerade nach einem anstrengenden Turnier. Schritt führen am Tag drauf ist das Mindeste, wenn es das Wetter zulässt ist auch Schritt reiten im Gelände eine willkommene Abwechslung und bringt Nervenkostüm und Muskulatur wieder ins Gleichgewicht. Darüber hinaus ist Weidegang eine optimale Ergänzung.

Oft hört man übervorsichtige Reiter, die ihre Pferde aus Angst vor Verletzungen nicht auf die Weide lassen. Diese Angst mag in einigen Fällen vielleicht begründet sein, sollte aber trotzdem nicht dazu führen, ein Pferd lebenslang in eine Box zu sperren. Pferde sind Steppentiere, und für ihr seelisches und ihr körperliches Wohlbefinden ist Weidegang unerlässlich. Auch Turnierpferde brauchen die zwanglose Bewegung – ohne Reiter, ohne Strick – an frischer Luft, das Knabbern an zarten Grashalmen und den Kontakt zu Artgenossen.

Auch Dressurpferden sollte man Weidegang nicht vorenthalten

Wer Sorge hat, dass der Weidegang seinem Turnierpferd nicht bekommt, braucht nur ein paar Vorsichtsmaßnahmen zu ergreifen. So sind zwei Stunden Weide am Tag besser als nichts und führen nicht gleich zu einem dicken »Weidebauch« oder zum »Auseinanderfallen«. Verletzungen kann man vorbeugen, indem man sein Pferd erst nach der Arbeit auf die Weide bringt. Dann sind Muskeln, Sehnen und Gelenke erwärmt, die Verletzungsgefahr geringer. Zusätzlich sollte man die Beine seines Pferdes mit Gamaschen und Sprungglocken schützen. Natürlich kann beim Herumtoben immer noch etwas passieren, das ist nie ganz auszuschließen. Aber jedes Pferd kann sich auch in der Box verletzten, beim Festliegen etwa oder wenn es zu fest gegen eine Wand tritt. Oder es vertritt sich beim Reiten und geht anschließend wochenlang lahm. Absolute Sicherheit gibt es schließlich nirgendwo.

Eine große Hilfe: Die Korrektur durch den Reitlehrer

So geht's weiter

Auch am zweiten Tag nach einem Turnier macht es wenig Sinn, sofort wieder voll durchzustarten. Jetzt ist erst mal ein leichtes, aufbauendes Training angesagt. Sie könnten Ihr Pferd an der Longe arbeiten, oder es lösend in allen drei Grundgangarten in die Tiefe reiten. Spulen Sie nicht schon wieder das ganze Programm ab, sonst verliert Ihr Pferd mit der Zeit den Spaß an der Arbeit. Vielleicht ist heute ein geeigneter Tag, um mir Ihrem Ausbilder/Reitlehrer einmal das Protokoll durchzugehen. Falls Ihr Reitlehrer Ihren Ritt nicht gesehen hat, findet er darin Anhaltspsunkte, an welchen Stellen es auf dem Turnier bei Ihnen und Ihrem Pferd noch hakt und worauf er in künftigen Unterichtsstunden besonders achten muss.

Abwechslung muss sein

Wer will schon tagein tagaus nur lateinische Vokabeln pauken? Sicher niemand. Pferden geht es genauso. Auch sie brauchen die geistige Herausforderung, die Abwechslung mit sich bringt. Statt jeden Tag nur Dressur zu reiten, müssen Sie sich als Reiter also etwas einfallen lassen. Wie wär's mit Ausreiten? Oder Gymnastikspringen, Kavaletti-Arbeit oder Longieren? Möglichkeiten gibt es viele, man muss sie nur nutzen.

LONGIEREN Dies ist sicher die einfachste Art und Weise, seinem Pferd einmal etwas anderes zu bieten. Zwar kann Longieren auch eine Kunst sein und Pferde bis zur hohen Schule bringen, doch ist dies sehr arbeitsaufwendig und verlangt viel Erfahrung. Für »Otto Normalverbraucher« reicht es, wenn er das »Longierhandwerk« beherrscht. Hierzu muss er sich ein paar Grundlagen aneignen, um typische Longierfehler zu vermeiden und seinem Pferd neben der reinen Abwechslung ein ergänzendes Training angedeihen zu lassen. Das Handwerkszeug: Trense, Longe (etwa 8 Meter lang), Longiergerte, Longiergurt und Hilfszügel (am besten geeignet sind Ausbinder oder Dreieckszügel).

Zum Longieren geht man am besten in eine Longierhalle bzw. auf einen Longierplatz, da die äußere Begrenzung das Pferd daran hindert, nach außen zu ziehen. Alternativ lässt sich bei solchen Problemen auch mit Hilfe von Hindernisstangen oder Kavalettis auf einem herkömmlichen Viereck ein kleiner Zirkel für das Longieren abgrenzen.

Sinnvolle Longenarbeit kann nur erreicht werden, wenn man mit Trense und Hilfszügel longiert. Beim bloßen Herumrennen des Pferdes am Halfter oder auch an der Trense ohne Hilfszügel lässt das Pferd seinen Hals nicht fallen und wölbt seine Wirbelsäule nicht auf, sondern läuft »ohne Rücken« daher. Der Gymnastizierungseffekt ist damit gleich Null. Außerdem zieht sich, ohne äußeren Gegenspieler, das Gebiss quer durchs Maul, was für das Pferd unangenehm ist und zu Anlehnungsschwierigkeiten und Zungenfehlern führen kann. Also: Longieren nur mit »voller Montur«.

Ähnlich wie das Reiten soll auch die Longenarbeit aufgebaut werden, das heißt eine Lösungsphase, eine Arbeitsphase und eine abschließende Entspannungsphase haben. Fünf bis zehn Minuten Schritt an der Longe, entweder unausgebunden (falls das Pferd

Richtige Longierhaltung

Beim Longieren geht's zwar nicht um den richtigen Sitz, aber immerhin um einen sinnvollen Körpereinsatz. Der Longenführer soll in der Mitte des Zirkels stehen, die Longe in der einen Hand, die Longiergerte in der anderen. Bei leicht angewinkelten Armen hält er die Longe so, dass Unterarm und Longe etwa eine Linie bilden, das Gleiche gilt für die Longiergerte. Diese zeigt Richtung Sprunggelenk des Pferdes, so dass Longe und Gerte im spitzen Winkel zueinander stehen. Um den Kreisbogen und damit auch die äußere Anlehnung möglichst gleich zu halten, muss der Longenführer an einem Fleck stehen und sich um sich selbst drehen. Hinter dem Pferd herlaufen, wie man es oft sieht, bringt dem Longierer zwar auch Bewegung, ist aber fürs Longieren nicht ganz so sinnvoll. Wichtig: Niemals das Ende der Longe um die Hand wickeln, sondern in einer großen, offenen Schlaufe aufnehmen, die man im Notfall schnell loslassen kann.

PROFI·TIPP

Isabell Werth

Damit die Arbeit für das Pferd nicht zu eintönig wird, kann man vom Reiten über Longieren, Ausreiten bis hin zum Auslauf im Paddock ein wenig Abwechslung bieten. Ist ein Pferd im Paddock zu kernig und deshalb verletzungsgefährdet, könnte man dies durch häufiges Ausreiten abfangen. Aber auch das Training selbst kann abwechslungsreich gestaltet werden: Mal reitet man eine Aufgabe, mal arbeitet man hauptsächlich am Trab, mal am Galopp.

ruhig und longenerfahren ist) oder lang ausgebunden, sollten ausreichen, um eine erste Muskel- und Gelenkerwärmung zu erreichen.

Nun folgt leichte Arbeit im Trab. Dabei muss der Longenführer darauf achten, dass sich das Pferd fallen lässt, das heißt, seinen Hals nach vorwärts-abwärts dehnt. Um ihm dies zu ermöglichen, dürfen die Ausbinder/Dreieckszsügel nicht zu kurz sein. Der Hilfszügel soll so verschnallt werden, dass das Pferd die Stirnlinie ein wenig vor der Senkrechten hat. Gerät sie bei anstehendem Hilfszügel dahinter, ist der Zügel zu kurz. Die Folge: Das Pferd rollt sich auf und hält sich im Rücken fest.

Ist das Pferd gelöst, kann man die Hilfzsügel etwas verkürzen (nicht hinter die Senkrechte einstellen!) und versuchen, durch häufige Übergänge bei gleichzeitigem Treiben mit der Gerte die Hinterbeine des Pferdes zu aktivieren.

Wie lange man longiert, hängt von Trainingszustand und Temperament des Pferdes ab. 30 bis 45 Minuten sollten es aber schon sein, sonst bringt es dem Pferd arbeitsphysiologisch nicht viel. Ein regelmäßiger Handwechsel verhindert einseitige Gelenkbelastungen und trainiert das Pferd auf beiden Seiten.

CAVALETTI-ARBEIT Etwas aufwendiger, dafür umso hilfreicher, ist die Arbeit über Stangen und Cavalettis. Dies schult zum einen den Takt des Pferdes, zum anderen aber auch seine Aufmerksamkeit und sein Vertrauen. Außerdem fördert es, richtig gemacht, das Aufwölben und somit die Stärkung des Pferderückens.

Wer noch nie über Cavalettis geritten ist, sollte es erst einmal mit am Boden liegenden Stangen versuchen. Für den Anfang reichen drei, später kann man die Anzahl erhöhen. Die Abstände für Schritt und Trab müssen entsprechend abgestimmt sein: Für Schritt rechnet man etwa 0,80 – 1,00 Meter, für Trab vergrößert sich der Abstand auf etwa 1,30 – 1,50 Meter. Je nach Schritt- und Trittlänge des Pferdes kann dies individuell ein wenig variieren. Durch leichtes Verkürzen oder Verlängern lässt sich aber auch die Schritt- und Trittlänge des Pferdes beeinflussen und damit die Anforderung heraufsetzen. Dies kommt jedoch nur für geübtere Reiter in Frage.

Zunächst reitet man nun ein paar Mal im Schritt über die Stangen. Wichtig ist es, dass das Pferd den passenden Rhythmus findet. Stolpert es wiederholt, muss man die Abstände ein wenig korrigieren, bis das Pferd im gleichmäßigen Takt über die Stangen schreitet. Klappt dies auf beiden Händen, legt ein Helfer die Stangen auf den Trab-Abstand. Reiten Sie zunächst im Leichttraben über die Stangen und lassen Sie Ihr Pferd sich dabei ein wenig nach vorwärts-abwärts dehnen. So findet es leichter seinen Takt und kann seinen Rücken aufwölben.

Erst wenn diese Übung problemlos klappt (eventuell müssen die Abstände korrigiert werden), kann der Helfer die Cavalettis drehen, so dass die Stangen nicht mehr am Boden, sondern auf halber Höhe liegen. Das Pferd ist nun gezwungen, höhere Tritte zu machen, seine Beine mehr anzuziehen – eine optimale Übung für Koordination und Gymnastizierung.

Cavaletti-Arbeit im Galopp ist schon eher eine Form der Springgymnastik.

Arbeit an der Longe

Traben über Cavalettis

Gymnastikspringen

Auch wenn man sein Herz an die Dressurreiterei verloren hat, schadet ein wenig Spingtraining nicht – weder dem Reiter, noch dem Pferd. Denn für beide kann es, richtig gemacht, eine gute gymnastische Ergänzung zur sonstigen Arbeit sein.

Der Reiter schult dadurch sein Gleichgewicht, seine Geschmeidigkeit im Sattel und sein Reaktionsvermögen, für das Pferd ist es willkommene Abwechslung auf der einen und wichtiges Rückentraining auf der anderen Seite. Beim Überwinden kleinerer Hindernisse (beim Freispringen oder unter dem Reiter) muss das Pferd seinen Rücken »öffnen«, das heißt, es wölbt ihn zwangsläufig über dem Hindernis auf.

Dabei wird die Muskulatur gedehnt, die Dornfortsätze der Wirbelkörper bewegen sich voneinander weg – ein Effekt, der in gewissem Maße auch bei der richtigen, sprich Rücken aufwölbenden Dressurarbeit im Ansatz erreicht wird.

Beim Gymnastikspringen geht's nicht darum, möglichst schnell über ein möglichst hohes Hindernis zu springen. Ziel ist vielmehr das ruhige und kontrollierte Überwinden eines Sprungs oder einer Sprungreihe, die nicht höher als 60 bis 100 cm sein sollte. Als »Einstiegs-Hindernis« eignet sich das Kreuz (nur jeweils eine Seite der Stange wird in die Auflage gelegt), da es einladend aussieht und das Pferd auch dazu bringt, in der Mitte zu springen. Später kann man auch einen herkömmlichen Steilsprung (mindestens zwei Stangen benutzen, eine davon als Absprunghilfe in etwa 30 cm Abstand vor das Hindernis auf den Boden gelegt) einsetzen sowie einen Oxer (mindestens drei Stangen benutzen, zwei einhängen, die dritte auf den Boden unter die vordere Oxerstange legen). Wichtig ist, die Sprünge immer genau in der Mitte anzureiten, um so ein plötzliches Vorbeilaufen zu vermeiden.

Springgymnastik motiviert Pferd und Reiter

Für ungeübte Reiter (und Pferde) ist es im Allgemeinen anfangs außerdem einfacher, vor das Hindernis Stangen oder niedrige Cavaletti zu legen. Damit wird verhindert, dass das Pferd einfach losstürmt und zu früh oder zu spät abspringt.

Zu Anfang wird der Sprung aus dem Trab angeritten, die Stange dazu 2,0 – 2,20 Meter vor das Hindernis gelegt. Will man später aus dem Galopp springen, wird der Stangenabstand auf 6 Meter vergrößert, sodass das Pferd über die Stange galoppiert, einen Galoppsprung macht und dann abspringt. Erst wenn Pferd und Reiter den richtigen Rhythmus raushaben, sollte auf die vorgelegte Stange verzichtet werden.

Ausreiten

Eine wunderbare Abwechslung bietet für Pferd und Reiter das Ausreiten. Je nach Lage der Reitanlage besteht die Möglichkeit, direkt vor oder nach dem Dressur-Training eine Runde durchs Gelände zu drehen. Wer dies nicht kann, sollte aber hin und wieder sein Pferd auf den Hänger laden und in ein geeignetes Ausreit-Gebiet fahren, um dort gemeinsam zu relaxen.

Ausreiten ist dabei nicht nur Abwechslung, es kann auch nervöse Pferde beruhigen oder phlegmatische Pferde ein wenig aufwecken. Dem nervigen Vierbeiner eröffnen sich während eines Ritts durch Felder und Wälder so viele Umweltreize, dass er sich mit der Zeit meist nicht mehr von jedem herabfallenden Blatt aus der Fassung bringen lässt. Ein Lernprozess, der später auch im Prüfungsviereck von Vorteil sein kann. Zu ruhige und gar etwas faule Pferde dagegen finden durch Ausritte sehr oft die Freude an der Bewegung wieder und sind dann auch im Training leichter zu motivieren. Besser – und sicherer – ist es immer, mindestens zu zweit ins Gelände zu reiten. Zumindest sollte die Mitnahme eines Handys heute eine Selbstverständlichkeit sein. Im Falle eines Falles (Sturz, Verletzung, lahmes Pferd etc.) kann damit schnelle Hilfe angefordert werden.

Ausreiten ist eine willkommene Abwechslung vom täglichen Einerlei – sicherer ist es aber, dabei einen Helm zu tragen

Entscheidet man sich für den Ausritt vor der Trainingsstunde, bietet es sich an, ihn als Lösungsphase zu nutzen. Also: zehn bis 15 Minuten Schrittreiten, dann ein wenig Leichttraben und etwas lösend Galoppieren. Wer lieber nach dem Training ins Gelände geht, sollte die Runde als Entspannungsphase und zum Trockenreiten nutzen. Natürlich kann man einen Ausritt auch anstatt einer Dressur-Stunde in seinen Trainingsplan aufnehmen. In diesem Fall muss natürlich gewährleistet sein, dass das Pferd bei dem Ritt auch genügend Bewegung bekommt.

▸ So machen's die Stars

Rudolf Zeilinger:

Am ersten Tag nach dem Turnier wird ein Schritttag eingelegt, und auch an den folgenden geht's zunächst ein wenig ruhiger zu.

Danach versuche ich aber, die Probleme, die ich in der Prüfung festgestellt habe, zu beheben. Die erfahreneren Pferde werden nach einem Turnier, falls nichts Größeres ansteht, ein wenig im Training heruntergefahren. Mit den jüngeren Pferden arbeite ich dagegen normal weiter. Zur Abwechslung reiten wir mit allen vor oder nach der Arbeit ins Gelände. Das motiviert die Pferde mehr als reines Lektionsreiten.

Nadine Capellmann:

Für meine Pferde gibt es keinen Stehtag. Auch nach einem Turnier werden sie leicht bewegt, dabei wird einfach nur geradeaus geritten ohne irgendwelche Lektionen. Ich habe meist mindestens ein Wochenende Pause zwischen zwei Turnieren, sodass ich mit den Pferden dann drei bis vier Tage kaum Lektionen reite. Außerdem reite ich ins Gelände.

Mit Farbenfroh, der ja manchmal ein bisschen schwierig sein kann, mache ich zur Abwechslung und zur Entspannung auch gern Bodentraining nach Linda Tellington-Jones. Wir lassen ihn über Plastikfolien oder bunte Decken gehen, auf denen dann Leckerchen liegen. Dies macht ihm inzwischen richtig Spaß, es ist wie ein Spielplatz für ihn.

Heike Kemmer:

Nach einem Turnier bekommen meine Pferde immer ein wenig Pause. Sie dürfen sich an der Longe ganz nach ihrem eigenen Wunsch bewegen. Haben sie keine Lust dazu, geht meine Pflegerin mit ihnen nur grasen. Nach zwei bis drei Tagen wird, je nachdem wie anstrengend das Turnier war, zunächst nur gymnastizierend über den Rücken gearbeitet und dann erst langsam wieder aufgebaut. Das Motto nach Turnieren lautet für die Pferde: viel Bewegung und Abwechslung bei wenig Arbeit. Als Lohn für die Anstrengung auf dem Turnier ist für die Pferde eine Woche Urlaub eingeplant.

Ulla Salzgeber:

Am ersten Tag nach einem Turnier werden die Pferde bei uns zur Entspannung und Erholung lediglich spazieren geführt oder gehen in der Führmaschine. Am zweiten Tag folgt im Allgemeinen ein ruhiger Ritt durchs Gelände, am dritten Tag steht dann leichte Arbeit auf dem Viereck mit lockerem Traben und galoppieren auf dem Programm. Erst am vierten Tag nehme ich das normale Training wieder auf und baue auch wieder Lektionen in die Arbeit ein. War das Turnier fürs Pferd sehr anstrengend und die Fahrt sehr lang, wird auch mal eine ganze Woche gebummelt: mit Ausritten, Longieren und leichter Arbeit.

▸ Ziele setzen

Wer Turniere reiten will, muss zielgerichtet arbeiten. Es bringt wenig, jeden Tag das gleiche Programm runterzuspulen – inklusive aller Fehler. Einer ist die bereits angesprochene mangelnde Abwechslung, die Reiter und Pferd die Freude am Training nimmt. Wer immer nur dasselbe reitet, darf sich nicht wundern, wenn seine Leistungen mit der Zeit eher schlechter als besser werden. Der andere Fehler ist es, ohne »roten Faden« vorzugehen. Systematische Planung muss sein, angefangen von der täglichen Arbeit über die Saison bis hin zum Ausblick auf das nächste Jahr. »Was will ich erreichen und wie kann ich es erreichen?« muss die alles bestimmende Frage sein.

Ein entspannter Galopp im Gelände hält das Pferd bei Laune

Die Saison richtig planen

Ein A-Dressur-Reiter, für den nur M-Siege zählen, wird Misserfolge erleiden. Ziele und Träume müssen realistisch und erreichbar sein. Nur dann kann man sich die notwendigen Erfolgserlebnisse verschaffen, die einen auf dem langen und oft mühsamen Weg der Turnierreiterei auch über Enttäuschungen hinweghelfen. Und Enttäuschungen wird es sicher so manche geben – darüber, dass man auch mal ohne Platzierung nach Hause fährt, dass man mit seinem Pferd nicht weiterkommt oder dass ein anderer Reiter einem immer die begehrte Schleife vor der Nase wegschnappt.

Ein Teil derartiger Enttäuschungen lässt sich aber schon durch eine gute Planung vermeiden oder zumindest verringern. Wer mit seinem Pferd zum Beispiel noch nicht so ganz sicher in der A-Dressur ist, sollte nicht schon an die Nennung von L-Dressuren denken. Stattdessen sollte er – möglichst unter guter Anleitung – intensiv an den noch vorhandenen Schwächen arbeiten und vielleicht auch in der kommenden Saison mit A-Starts vorlieb nehmen. Erst wenn im Protokoll die Sechs vor dem Komma häufiger stand als die Fünf oder gar die Vier macht es Sinn, die nächste Schwierigkeitsstufe anzupeilen. Im Winter hat man dann genügend Zeit, sich und sein Pferd bei entsprechendem Unterricht auf die kommenden Aufgaben vorzubereiten.

Wer allerdings bereits in der laufenden Turniersaison einen A-Dressur-Sieg nach dem anderen einheimst, kann ruhig schon während der Saison den Sprung hin zur Klasse L wagen. Vorausgesetzt, Reiter und Pferd beherrschen die L-Anforderungen, also Außengalopp, Hinterhandwendungen und Versammlung.

Eine sehr schöne Möglichkeit der eigenen kontinuierlichen Leistungseinschätzung bieten seit einigen Jahren die »Cups«, von Sponsoren unterstützte Prüfungsreihen, die meist über eine Saison gehen und an deren Ende ein Finale steht. Zum einen misst man sich als Reiter in derartigen Cups ausschließlich mit Reitern der gleichen Leistungs- (und Alters-)stärke, zum anderen sind die Finalprüfungen, die meist auf ausgesuchten Turnieren stattfinden und mit schönen Ehrenpreisen locken, ein spezieller Anreiz. Um die Finalteilnehmer ermitteln zu können, werden den Teilnehmern derartiger Prüfungsreihen Punkte für Platzierungen gegeben, durch die sich am Ende der Reihe eine Rangierungsliste ergibt. Anhand dieser Liste kann dann jeder sehen, wie erfolgreich – oder auch nicht – er im Laufe der Saison war.

Am Ende einer Turnier-Saison steht der Pokal für eine erfolgreiche Cup-Teilnahme

Cups gibt's inzwischen in jedem Schwierigkeitsgrad, angefangen von der Ebene des Einfachen Reiterwettbewerbs über E-, A-, L- M- und S-Cupreihen bis hin zu internationalen Grand-Prix-Prüfungen (Weltcup). Die Ausschreibungen zu den meisten Cups findet man in den regionalen Landesverbandszeitschriften, eine (allerdings nicht vollständige) Übersicht der bekanntesten Cups kann man auch über die FN bekommen. Das »Punktesammeln« im Laufe der Saison betreiben manche Reiter dabei mit wahrer Begeisterung und nehmen dafür auch gerne schon mal Regen und Matsch bei einem Turnier in Kauf. Eine Cup-Teilnahme kann also nicht nur trainingsbezogen Sinn machen, sie bietet auch noch jede Menge Spaß.

▸ Ausblick auf die nächste Saison

Die Saison ist vorüber, der Hänger winterfest untergebracht, die intensive Arbeit mit dem Pferd etwas heruntergeschraubt. Es ist Zeit, ein wenig durchzuatmen und von dem zu träumen, was man mit seinem Sportpartner in der kommenden Saison erreichen will, von Platzierungen und von Ehrenrunden. Die allerdings gibt es nicht nur durch bloßes Träumen. Konsequente Arbeit ist auch im Winter angesagt. Dabei ist es zwangsläufig schwieriger, sich und auch seinem Pferd die gewünschte Abwechslung zu verschaffen. Nur wenige Ställe verfügen über Paddocks, in denen man auch in der kalten Jahreszeit seinem Vierbeiner die freie Bewegung an frischer Luft gönnen kann. Die meisten Weiden sind bis zum Frühjahr geschlossen, je nach Witterungsverhältnissen lockt der Wald auch nicht gerade zum Ausreiten. Und trotzdem muss es heißen: dem Pferd so viel wie möglich bieten. Immerhin soll es in diesen Monaten zusammen mit seinem Reiter etwas Neues lernen. Wenn möglich sollte man deshalb, warm eingepackt, trotz Kälte ins Gelände reiten. Longieren, Freilauf in der Halle oder einfach nur Herumspielen mit dem Pferd lockern den tristen Winter auf. Einen Tag in der Woche kann Springgymnastik oder Freispringen auf dem Programm stehen. Wer die Zeit hat, sollte sein Pferd auch zweimal täglich herausnehmen. Pferde sind Steppentiere, die ursprünglich den ganzen Tag herumwanderten. Die meisten modernen Pferde in Stallhaltung haben heute viel zu wenig Bewegung, vor allem eben im Winter.

Viel Sinn für die Weiterbildung macht in dieser Jahreszeit die Teilnahme an einem Lehrgang. Wer beim eigenen Reitlehrer einen solchen Lehrgang mitreitet, wird vermutlich durch die (konkurrierenden) Mitreiter zu intensiver Arbeit angeregt und wird sich entsprechend mehr anstrengen als im herkömmlichen Unterricht. Eine Lehrgangsteilnahme bei einem fremden Ausbilder ermöglicht dem Reiter einen Blick über den Tellerrand hinweg. Hier geht es nicht darum, dem eigenen Reitlehrer »untreu« zu werden, sondern eventuell neue Anregungen aus einem anderen Blickwinkel heraus für das weitere Training mit nach Hause zu nehmen.

Wer sich im Winter intensiv mit seiner eigenen Fortbildung und der des Pferdes beschäftigt, kann dann ruhig wieder ein bisschen träumen. Vielleicht sogar schon vom Fernziel Klasse M.

▸ Die Sprache der Richter – Protokolle richtig lesen

Wer nach seinem Ritt sein Protokoll holt – und das sollte jeder tun, der etwas lernen möchte –, kann manchmal mit den vielen Abkürzungen, die Richter aus Zeitersparnis verwenden, nicht viel anfangen. Doch selbst wenn ausgeschrieben steht, was der Richter zu bemängeln hatte, sind sich nicht alle Reiter klar darüber, was eigentlich gemeint ist.Hier deshalb eine kleine Übersicht über die gebräuchlichsten Formulierungen aus der Sprache der Richter und deren »Übersetzung«.

Abkürzungen:

i.O.	in Ordnung
P	Parade
VH	Vorhand
VHW	Vorhandwendung
HH	Hinterhand
HHW	Hinterhandwendung
RR	Rückwärtsrichten
	Schlangenlinie durch die ganze Bahn
	einfache Schlangenlinie
	doppelte Schlangenlinie
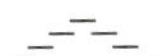	Viereck verkleinern und vergrößern
ML	Mittellinie
GA	Grußaufstellung
MS	Mittelschritt
AT	Arbeitstrab
MT	Mitteltrab
VT	Versammelter Trab
AG	Arbeitsgalopp
MG	Mittelgalopp
VG	Versammelter Galopp
V	Volte
KV	Kehrtvolte

Richter haben ihre eigene Sprache

Kommentare:

AT matt	Der Arbeitstrab ist zu matt, sollte fleißiger geritten werden.
P auslaufend	Die Parade kam nicht sofort durch, das Pferd kam erst nach und nach zum Halten.
HHW mehr zentrieren	Die Hinterhandwendung war im Prinzip in Ordnung, müsste aber auf noch kleinerem Kreisbogen geritten werden, quasi »auf dem Teller«.
MS nicht immer klar geregelt	Der Mittelschritt ist taktgefährdet, das heißt nicht immer im verlangten klaren Viertakt. Zwar geht das Pferd noch keinen Pass (Zweitakt), ist aber auf dem Weg dorthin.
MS mit Taktstörungen	Meint etwa dasselbe wie eben beschrieben.

MS kein klarer Viertakt Hier kritisiert der Richter den Schritt-Takt schon direkter, ohne aber das Wort Pass zu gebrauchen

MS passartig Wer dies im Protokoll stehen hat, kann ansonsten einen tollen Ritt hingelegt haben, es nutzt nichts. Denn ein Pferd mit einer »kaputten« Gangart (und der Pass ist in den Augen der klassischen Dressur eine solche), darf eigentlich keine Note über 5,0 bekommen, zumindest aber nicht platziert werden. Beim getrennten Richten würde sich dies in einer schlechten Note für die Schrittlektion niederschlagen und außerdem in der Schlussnote »Reinheit der Gänge« – alles Noten, die doppelt gezählt werden.

MT wenig Schub Beim Mitteltrab entwickelt das Pferd nicht genügend Schub aus der Hinterhand, das heißt, es strampelt mit den Vorderbeinen, ohne dass der Kraftimpuls aus der Hinterhand kommt.

MT hinten heraus Die Hinterbeine des Pferdes schwingen im Mitteltrab nicht nur zu wenig nach vorne, sondern arbeiten sogar nach hinten heraus.

Durchhalten Steht oft bei Trab- oder Galoppverstärkungen im Protokoll. Gemeint ist, dass der Reiter bis an den vorgeschriebenen Bahnpunkt im verlangten Tempo reiten soll und sein Pferd nicht vorher schon abbremsen lässt.

Antritt spontaner Das Anreiten aus dem Halten soll vom Fleck weg erfolgen und nicht dem stotternden Anfahren eines alten Autos ähneln.

Mehr Durchsprung Diese Anmerkung weist auf Mängel in der Galoppade hin. Zwar besteht noch keine echte Taktstörung, doch ist der Galopp auch nicht »rund« genug, müsste klarer und sicherer im Dreitakt ablaufen.

Kein klarer Dreitakt Eigentlich klar, was gemeint ist: Es liegt eine Taktstörung vor, statt Dreitakt zeitweise Viertakt. Zieht sich dies durch die gesamte Galoppade, ist dies ebenso schlimm wie ein »kaputter« Schritt.

Vierschlaggalopp Meint etwa das Gleiche, nur drastischer.

Halten nicht geschlossen/ geschlossener Das Gewicht des Pferdes ist nicht gleichmäßig auf alle vier Beine verteilt.

Halten hinten heraus Die Hinterbeine wurden vom Pferd während der Parade nicht unter den Schwerpunkt genommen, sondern (mehr oder weniger weit) nach hinten herausgestreckt.

Über Tritte Beim Einfachen Galoppwechsel werden nicht die verlangten drei bis vier Zwischenschritte gezeigt, sondern das Pferd gelangt über den Trab wieder in den Galopp.

Verwischt Betrifft ebenfalls den Einfachen Galoppwechsel. Auch hier fehlen wieder die klaren Zwischenschritte, der Übergang ist als solcher kaum erkennbar.

Vorhandlastig Das Pferd geht nicht, wie verlangt, bergauf, sondern legt sich auf den Zügel und verlagert sein Gewicht auf die Vorhand.

Über die Vorhand Meint das Gleiche.

Wenig Kadenz Die Schwebephase ist – bei gut nach vorne durchschwingendem Hinterbein – nicht genügend verlängert.

Traversartig Das Pferd schiebt die Hinterhand nach innen.

Serviceteil

KLEINES LEXIKON

Ausbildungsskala Die Grundlage der klassischen Dressur, bestehend aus den Punkten Takt, Losgelassenheit, Anlehung, Schwung, Geraderichtung, Versammlung. Die Richter orientieren sich bei ihrer Bewertung daran, inwieweit die Anforderungen dieser Skala erreicht sind.

Dressurgerte In nationalen Prüfungen ist die Benutzung einer Gerte erlaubt (es sei denn, die Ausschreibung sieht etwas anderes vor). Eine Dressurgerte darf inklusive Schlag nicht länger als 1,20 m sein. Wer mit einer längeren Gerte einreitet, riskiert die Disqualifikation.

FN Die Abkürzung steht für Féderation Equestre Nationale und bedeutet Reiterliche Vereinigung. Die FN ist der Dachverband der Reiterei, die französische Abkürzung wurde gewählt, da die offizielle Sprache der FEI, der internationalen Reiterlichen Vereinigung, Französisch und Englisch ist.

Grundgangarten Beim Dressurreiten sind die drei Grundgangarten Schritt, Trab und Galopp verlangt. Jede weitere Gangart wie Pass oder Tölt gilt hier als fehlerhaft.

Gruß Der Gruß beginnt und beendet eine Dressuraufgabe. Herren ziehen dabei die Kappe oder Melone/Zylinder, Damen lassen eine Hand seitlich am Körper herunterhängen.

Kategorie Turniere werden in drei Kategorien ausgeschrieben: C, B und A,wobei C-Turniere die kleinsten und leichtesten sind und A-Turniere die schwersten.

Landesverband Der FN unterstellt sind die Landesverbände, bei denen die Reitvereine Mitglieder sind. Die Landesverbände sind unter anderem für die Genehmigung der Ausschreibungen, die Durchführung von Ordnungsmaßnahmen und die Ausbildung der Richter bis zu Klasse M zuständig.

Leistungsklasse Das Leistungsklassensystem regelt die Unterteilung der Reiter entsprechend ihrer Turnierleistung. Eine Höherstufung ist unter bestimmten Umständen möglich, eine Herunterstufung zur Wahrung der Chancengleichheit nicht.

LPO Die Leistungs-Prüfungs-Ordnung. Sie ist das Regelwerk des deutschen Reitsports und Grundlage jeder Turnierveranstaltung.

Passage Darunter versteht man eine versammeelte Bewegung im Trab, bei der die Schwebephase deutlich verlängert ist; das Pferd scheint einen Moment über dem Boden zu schweben, bevor es wieder auffußt. Die Passage soll erhaben und ausdrucksvoll sein bei möglichst angewinkelten Gliedmaßen.

Pferdepass Seit dem Jahr 2000 Pflicht für alle Pferde. Der Pferdepass kann bei der FN oder dem jeweiligen Zuchtverband angefordert werden, er ersetzt nicht die Papiere des Pferdes.

Piaffe Die höchste Versammlung auf der Stelle. Das Pferd nimmt dabei vermehrt Last mit der Hinterhand auf und tritt dabei im diagonalen Zweitakt gleichmäßig weiter. Optimal ist es, wenn es dabei die Vorderbeine so weit anhebt, dass der Oberarm der Waagerechten näherkommt und die Hinterhufe ebenfalls deutlich abfußen, dabei aber nicht höher kommen als die Vorderhufe.

Plastron — Das (meist) weiße Halstuch der Dressur- und Jagdreiter. Klassische Modelle werden aufwendig gebunden, moderne Plastrons bestehen nur noch aus zwei Teilen und sind mit ein wenig Übung schnell zusammengesetzt. Das Plastron wird mit einer Schmucknadel fixiert.

Protokoll — Hat hier nichts mit einem Vergehen im Straßenverkehr zu tun, sondern ist die richterliche Mitschrift eines Rittes. Aus einem Protokoll lassen sich oft wertvolle Tipps für die weitere Arbeit mit dem Pferd herauslesen.

Ranglistenpunkte — Werden seit Anfang 2000 für Turniererfolge vergeben und erleichtern den Veranstaltern unter anderem die gerechte Aufteilung großer Starterfelder.

Richtlinien — Die „Richtlinien für Reiten und Fahren" sind eine Buchreihe des FN-Verlages und geben unter anderem darüber Auskunft, wie einzelne Hilfen gegeben bzw. Lektionen geritten werden sollen. Sie sind Orientierung für jeden Reiter und Fahrer.

Reitabzeichen — Eine im allgemeinen aus Theorie, Springen und Dressur bestehende Prüfung. Der Erwerb des Reitabzeichens ist Voraussetzung für die Erlangung des Reitausweises und damit für eine Turnierkarriere.

Schritte — Eine Bewegung des Pferdes im Viertakt.

Tritte — Eine Bewegung des Pferdes im Zweitakt.

Verstärkung — Mit Verstärkung ist eine Tempoerhöhung in den drei Grundgangarten gemeint, wobei die Schritte, Tritte und Sprünge des Pferdes nicht schneller, sondern länger und bodengewinnender werden sollen.

Zeiteinteilung — Der Zeitplan für den Turnierablauf. Jeder Teilnehmer erhält ihn kurz vor dem Turnierwochenende vom Veranstalter.

NÜTZLICHE ADRESSEN

Deutsche Reiterliche Vereinigung e.V. (FN)
Freiherr-von-Langen-Str. 13
48321 Warendorf
Tel. 02581-63620
Fax 02582-62144
www.fn-dokr.de

FS Reit-Zentrum Reken
Frankenstr. 37
48734 Reken
Tel. 02864-24 34
Fax 02864-58 60
www.fs-reitzentrum.de

TTEAM Deutschland
Bibi Degn
Hassel 4
57589 Pracht
Tel. 02682-88 86
Fax 02682-66 83
www.tteam.de

TTEAM Österreich
Ruth & Martin Lasser
Anningerstr. 18
A-2353 Guntramsdorf
Tel. 02236-47 00 0
Fax 02236-47 07 0
www.teamoffice.at

TTEAM Schweiz
Doris Süess-Schröttle
Mascot Ausbildungszentrum AG
CH-8566 Neuwilen
Tel. 071-69 91 825
Fax 071-69 91 827
www.mascot-ausbildung.ch

Vereinigung der Freizeitreiter in Deutschland e.V.
Am Bauernwald 5b
81739 München
Tel. 089-60 60 81 68 / Fax 089-60 60 81 23
www.vfdnet.de

ZUM WEITERLESEN

BINDER, SIBYLLE UND KÄRCHER, GABY: Horse Feelings; Die Welt der Pferde: frei, geheimnisvoll, faszinierend, Stuttgart 2001

BORELLE, BEA UND BRAUN, GUDRUN: Bea Borelles Pferdetraining; bewusst – befähigt – begeistert, Stuttgart, 2002

GAST, CHRISTIANE UND GAST, ULRIKE: Der erste Turnierstart in der Praxis, Stuttgart 2002

GOHL, CHRISTIANE: Was der Stallmeister noch wusste; Neue Tpps rund ums Reiten, Stuttgart 2002

HINRICHS, RICHARD: Pferde schulen an der Hand; Wege zum Lösen und Versammeln, Stuttgart 1999

HÖLZEL, PETRA: Basispass Pferdekunde; Optimale Prüfungsvorbereitung in Frage und Antwort, Stuttgart 2000

HÖLZEL, PETRA UND WOLFGANG: Der Reitpass; Vorbereitung auf die praktische und theoretische Prüfung, Stuttgart 2000

HÖLZEL, PETRA UND WOLFGANG: Das Reitabzeichen; Vorbereitung auf die praktische und theoretische Prüfung, Stuttgart 2000

HÖLZEL, PETRA: Mentales Training für Reiter; Der neue Weg zum erfolgreichen Reiten, Stuttgart 2001

HOFFMANN, MARLIT: Marlit Hoffmanns Trickkiste; Profi-Tipps zum besseren Reiten, Stuttgart 2000

HOFFMANN, MARLIT UND KARL: Reiterrallyes Reiterspiele; Vorbereitung auf Allround-Wettbewerbe, Spiel und Spaß, Stuttgart 1998

NEUMANN-COSEL, ISABELLE VON: Reitersitz und Reiterhilfen; Korrekt sitzen, gefühlvoll einwirken, Stuttgart 2001

PENQUITT, NATHALIE: Nathalie Penquitts Longierschule, Stuttgart 2002

SCHMID-NEUHAUS, ANGELIKA: Das große Fitnessprogramm für Pferde; Die drei Elemente zum Erfolg: Massage, geslöstes Reiten, Sattelcheck, Stuttgart 2000

STAHLECKER, FRITZ: Dressurreiten; Die Hand-Sattel-Hand-Methode, Stuttgart 2000

TELLINGTON-JONES, LINDA: TTouch und TTeam für Pferde; Der sanfte Weg zu Gesundheit, Leistung und Wohlbefinden; Das Praxisbuch; Stuttgart 2002

Videos:

HINRICHS, RICHARD: Reiten mit feinen Hilfen; Sitz und Einwirkung, Stuttgart 1999

TELLINGTON-JONES, LINDA: Die Persönlichkeit Ihres Pferdes, Stuttgart 2000

TELLINGTON-JONES, LINDA: Reiten nach der TTEAM-Methode, Stuttgart 1999

TELLINGTON-JONES, LINDA: TTEAM-Bodenarbeit, Stuttgart 2000

TELLINGTON-JONES, LINDA: TTouch für Dressurpferde, Stuttgart 1995

TELLINGTON-JONES, LINDA: TTouch für Springpferde, Stuttgart 1996

BILDNACHWEIS

Mit 109 Farbfotos von: Jean Christen / Kosmos (S. 15), Erwin Escher, Monheim (S. 7), Foto Press Aktuell, Bad Honnef (S. 87), Irene Hohe / Lohndorf (S. 6), Krämer Pferdesport, Hockenheim (S. 29), Nicole Kumpf, Wald (S. 93), Lothar Lenz, Cochem (S. 75), Julia Rau, Kosmos (S. 17, 19, 37), Julia Rau, Mainz (S. 21), Ralf Roppelt / Kosmos (S. 5), Christof Salata / Kosmos (S. 12, 51, 60, 69, 105, 111), Britta Schöffmann, Duisburg (S. 102, 107, 117) Jacques Toffi, Hamburg (S. 16, 57), Carola Toischel, Wiesbaden (S. 9). Alle anderen Alois Müller, Meerbusch.

Frau Dr. Britta Schöffmann, die Autorin, widmet dieses Buch ihrem Vater, dem sie ihre Liebe zu Pferden verdankt. Autorin und Verlag danken dem Ausbildungsstall Schiergen, Heiner Schiergen und Louise Almlund sowie dem Gestüt Wiesenhof und dem Reitstall Kühnen herzlich für die großzügige Unterstützung der Fotoproduktion.

IMPRESSUM

Umschlag von Atelier Reichert, Stuttgart; Titelfotos von Alois Müller, Meerbusch (großes Motiv) und Jacques Toffi, Hamburg (kleines Motiv). Foto auf dem Buchrücken von Bernd Schellhammer, Großstadelhofen.

Die Deutsche Bibliothek – CIP-Einheitsaufnahme

Ein Titelsatz für diese Publikation ist bei
der Deutschen Bibliothek erhältlich

Gedruckt auf chlorfrei gebleichtem Papier

ISBN 3-440-09159-7
Redaktion: Silke Behling
Herstellung: Claudia Kupferer, Kirsten Raue
Gestaltungskonzept: eStudio Calamar
Gestaltung & Satz: Atelier Krohmer, Dettingen/Erms
Printed in Germany / Imprimé en Allemagne
Druck und Binden: Westermann Druck Zwickau GmbH, Zwickau

REGISTER